문화현장 나루터 ― 통영

창조산업연구소 총서 1

문화현장 나루터 | 통영

2014년 6월 20일 인쇄
2014년 6월 30일 발행

엮은이	안민주, 우송아
펴낸이	창조산업연구소
펴낸곳	북코리아
등록번호	제03-01240호
주소	[462-807] 경기도 성남시 중원구 상대원동 146-8
	우림2차 A동 1007호
전화	02)704-7840
팩스	02)704-7848
이메일	sunhaksa@korea.com
홈페이지	www.북코리아.kr
ISBN	978-89-6324-377-1 (03300)

값 10,000원

창조산업연구소 총서 1

문화현장 나루터 통영

한국문화산업전문대학원
창조산업연구소

북코리아

문화는 우주다!

우주를 우리 손으로 바꾸려는 이들의 문화이야기를 시작하며

우리가 즐겨 쓰는 문화라는 말의 의미는 넓어 셀 수 없을 정도이다. 문화예술, 문화산업, 전통문화, 대중문화, 고급문화, 관료문화, 3초 문화, 청소년 문화, 인터넷 문화… 문화가 들어가지 않은 곳이 없다. 실제로 이 넓은 의미의 것, 이 다양한 용도의 것이 문화이다. 영국시인 오스카 와일드는 이를 두고 인간의 삶을 감싸는 거대한 '봉투'가 문화라고 했다. 내가 보기에 봉투라는 말은 오히려 협소하다. 문화라는 이름의 '우주'라고 말해야 더 정확하다. 사람은 문화의 우주 안에서 태어나고 그 우주 안에서 인간이 된다. 우리의 출생은 생물학적 사건이지만 우리의 성장은 문화적 사건이다.

문화는 한 개체에게 주어지는 우주이다. 그 우주는 인간이 만든 것이므로 바꿀 수 있고 거기서 탈출할 수도 있다. 이 책은 바로 문화적 사건을 통해 성장해 가는 문화인들이 현장을 누비며 쓴 글을 묶

5

은 이야기로 우리 손으로 문화의 세계를 바꾸고자 한 의지가 담긴 산물이다. 이 책을 통해 우주를 여행하며 맛깔스럽게 자신의 경험을 풀어 헤쳐 가는 이들과 그 속에 문화현장의 곳곳에서 묻어나는 현재진행형 사례를 만날 수 있다.

창조사회, 창조문화의 시대, 창조산업의 원년이라고 거창한 구호를 부르짖지만 우리에게 와 닿는 체감 온도는 싸늘하다. 문화의 세기가 밝은지 10년을 훌쩍 넘겨 이제 나와 우리의 삶이 곧 문화의 지표가 되는 일상에 놓여 있다. 그러나 문화의 세기라는 말의 유행에도 불구하고 지금의 우리 문화는 문화의 크기, 중력, 기능에 대한 사회적 인식은 그리 깊지 않은 듯하다.

그러므로 시대적 소명을 다하기 위해 지역 및 우리 사회 곳곳에서 만날 수 있는 문화 현장의 사례 및 콘텐츠의 발굴은 한국문화산업전문대학원의 교육목표이자 실천지도이다. 학기마다 연구원들이 준비하는 현장탐방은 문화현장의 실체를 들여다볼 수 있는 현장의 보고이다. 실천 없는 이론은 공허하고, 이론 없는 실천은 맹목적임을 깨달은 예비 문화지식인! 우리 손으로 준비하고 발로 찾아가 본 문화현장, 콘텐츠와 산업의 동력들을 만나며 책으로 엮어보자고 약속한 것이 총서로 내게 되어 다행이다.

총서 발간 준비를 위한 여정이 결코 만만치 않았지만 꼬불꼬불한 비탈길을 불안하게 걸으며 언제 도착하게 될까 노심초사하는 심정만큼은 짜릿했다. 우리는 답사 주제별로 조를 짜서 각자의 역할을 나누었으며, 조의 소통자인 코디네이터 회의를 통해 책의 집필방향과 내용구성을 논의하였다. 첫 답사기가 발행된다는 흥분도 잠시, 글쓰기의 부담은 코디네이터 회의에서 쏟아져 나왔고 이것을 저자들의 입장에서 숙의해 가는 과정 또한 대학원생으로서 책임감을 느끼게 해 주었다. 원고의 기획과 구성, 편집과정 모두 대학원생의 손으로 만들어진다는 점을 알게 해 준 작품이다.

총서는 이제 막 우주의 세계를 여행하기 위해 출발을 한 참이다. 우주의 한 기준이 되는 우리의 문화현장에 녹아있는 콘텐츠를 대학원생들의 손으로 쓰고 다듬어 우주의 한 정거장인 세상에 나올 수 있게 한 일은 오롯이 이들의 문화역량을 보여준다. 이를 통해 우리는 문화의 중요성을 공감할 수 있는 사례의 소개, 문화를 통한 사회소통에 앞장서는 문화민주주의, 통합의 문화세상을 지향한다.

문화 나누기를 넘어 문화 즐기기, 문화 실천이 중요한 때이다. 우리에게 문화란 '좋은 삶'과 동의어이기 때문이다. 존 스튜어트 밀이 잘 말했듯이 "선택하는 삶"이 좋은 삶이라 한 것처럼, 선택의 여지가 없는 삶보다는 이런저런 가능성을 선택할 수 있는 삶이 좋은 삶, 품위 있는 삶이다.

미래 문화현장의 주인공들이 탐방한 곳은 통영이다. 여섯 편의 글이 들어 있다. 축제와 공간이 만드는 하모니인 통영국제음악축제는 권평이, 김규만, 김달호, 권수빈, 임지현이 썼다. 바다 건너서 들려오는 음악을 담은 윤이상기념관은 김은진, 박귀영, 우승아, 정진용이 썼다. 세계 속에 빛나는 동양적 음악 감성을 담은 윤이상의 삶과 향기를 담은 곳으로 우리를 안내한다. 화려한 바다의 빛깔을 오롯이 담은 통영 옻칠 미술관은 김지환, 김광현, 안민주의 글이다. 나전칠기의 어제와 오늘을 기술하고 다시 미래의 문화산업으로 그려보았다. 재생의 꿈을 그리는 동피랑 벽화 마을의 재발견은 마승희, 박희곤, 이준희, 장상미, 천하정이 네 번째 글의 주인공들이다. 동피랑 마을의 스토리를 현재진행형으로 소개하는 글은 강다영, 김영주, 이희진이 썼다. 박보라, 이한뉘, 장은영은 동피랑 벽화마을의 마케팅 전략을 따져 구체적인 개선방법을 제시하고 있다.

각 장의 글들이 경험·기억·상상을 개인적으로 섞어 표현하였기에 다소 편차가 있는 점 양해하기 바란다. 또한 어떤 장의 주제는 다른 장에서도 약간 겹치기도 하지만 이것이 독자에게는 문화현장의 리터러시를 생생하게 전해주는 맛이 있으리라.

여기 품위 있는 삶을 살기 위해 학동들이 펴낸 창조산업연구소 총서 『문화현장 나루터 l 통영』이 세상에 나왔다. 세상에 나오기 위해 준비를 해 준 안민주 연구원, 우승아 연구원의 편집일은 그 가치를 더해주었다. 요리조리 따져보고 제자리를 찾게 해 준 이들의 정성과 솜씨는 실천하는 문화인의 한 단면이다. 그 정성에 감사한다.

이 총서로 많은 사람들이 하늘과 별들 사이에 이야기의 길을 만들고 사람과 사람사이에, 사람과 천지만물 사이에 문화 이야기의 길을 열어가길 희망한다. 문화인들이 만들어 낼 다음의 총서가 벌써 기대되는 이유다.

2014년 6월
창조산업연구소장 김진희

차
례

9

THEME 3
화려한 바다의 빛깔을 담다 :통영 옻칠미술관

김광현, 김지환, 안민주

THEME 4
재생의 꿈을 그리다 : 통영 벽화마을

벽화로 마을 재발견

마승희, 박희곤, 이준희, 장상미, 천하정

살아 숨 쉬는 벽화마을, 동피랑

강다영, 김영주, 이희진

II

바다를 감싸안은 아름다운 선율 :: 통영국제음악제

세계적인 작곡가, 윤이상 선생이 평생을 두고 그리워한 고향 바다, 통영

　이곳에는 이제 매년 세계적인 국제 음악제가 열린다. 통영국제음악제, 윤이상국제음악콩쿠르, TIMF아카데미, 자유로운 프린지 공연 등 음악을 사랑하는 사람들의 아름다운 선율이 통영 바다를 감싸안으며 세계인들과 함께한다.

당신을 사로잡는 그 곳, 통영

통계청의 통계자료에 의하면, 2012년을 기준해서 통영시를 방문한 관광객은 한 해, 총 6,254,332명으로 경주에 비해서는 0.3배 적고, 안동에 비해서는 1.17배 많았다. 2005년부터 관광객의 꾸준한 증가세를 보인 통영은 경상남도 지역 중 가장 기억에 남는 방문지역으로 1위를 기록한 통영 인근의 거제시(29.9%)에 이어 두 번째 순위(23.7%)에 오를 정도로 관광객들에게 좋은 인상 또는 추억을 남긴 사랑 받는 지역이기도 하다. 그렇다면, 사람들은 왜 통영을 찾는 것이며, 통영을 방문할 때엔 어떤 기대하고 있었을까? 또, 과연 그들을 사로잡은 통영이라는 공간이 가지는 매력은 무엇일까?

조선의 나폴리, 통영

먼저, 통영이라는 공간이 사람들을 끄는 힘은 통영이 가진 자연적인 요건에 의한 것이라고 본다.

"통영은 다도해 부근에 있는 조촐한 어항이다. 부산과 여수 사이를 내왕하는 항로의 중간 지점으로서 그 고장의 젊은이들은 조선의 '나폴리'라 한다. 그러니만큼 바다 빛은 맑고 푸르다. 남해안 일대에 있어서 남해도와 쌍벽인 큰 섬 거제도가 앞을 가로막고 있었기 때문에 현해탄의 거센 파도가 우회하므로 항만은 잔잔하고 사철은 온난하여 매우 살기 좋은 곳이다."

통영의 내노라하는 여류 문인 박경리의 생애 두 번째 작품인 소설「김약국의 딸들」은 그 첫머리가 그의 고향인 통영시의 모습으로 시작된다. 내국인에게 물은 경상남도의 이미지가 첫째가 바다이고, 둘째가 지리산, 셋째가 통영인 것을 보면, 그 이유를 섣불리 단정 짓기는 힘들지만, 우리나라 사람들에게 있어서 경상남도의 원초적 형태인 기억의 첫 장면은 통영의 자연이 만든 그것과 매우 닮아 있음을 알 수 있는 의미 있는 답인 것만은 확실하다. 특히 통영의 아름다운 바다와 바다 가운데에 어우러진 섬들의 특유한 모습이 사람들의 마음을 동하여 만들어내는 정경은 그들 마음속에 어느덧 자리하게 된다. 그리고 그것은 깊은 인상을 남기거나 어떠한 향수를 불러일으키는 매개체가 되어 경상남도라는 단어만 듣고서도 그들의 심적인 시선을 이내 통영의 바다로 향하도록 만드는 것이다.

우리가 통영을 방문했던 3월 마지막 자락의 한 날은 봄의 시작을 알리는 비가 통영을 찾은 여행자의 발걸음을 시샘하듯 낮 동안 축제의 시간을 잠시 붙잡아 놓은 채 하루 종일 추적추적 내리던 때였다. 그도 그럴 것이 통영시의 중앙에는 곳곳에서 대절해 온 버스들과 비를 피해 분주히 움직이는 우비 입은 관광객들의 모습만이 통영의 축제기간을 알리고 있을 뿐이었다. 다만 밤이 되어서야 울려 퍼진 시민들의 노랫소리가 여러 개의 스포트라이트와 조명으로 밝혀진 중앙의 무대 부근으로 국제음악당까지 비를 뚫고 뻗어 나와, 지금 열리고 있는 그 축제가 국제음악제였음을 모든 이들에게 드러낸 것은 통영에 도착한 지 한참 뒤의 일이었다.

통영의 싱싱한 먹거리

중앙시장에 도착해서 통영 땅에 발을 내딛는 순간, 풍겨 오는 한국의 나폴리인 통영바다의 짠 내음은 수많은 빗방울과 하나가 된 채, 여기저기에서 튕겨져 와 코에 닿는 듯 했다. 짜증스러운 마음도 잠시, 높은 곳에서 주위를 둘러보니 눈앞으로 아담하고 푸근하게 통영을 둘러싸고 있는 산들과 그 산들이 낳은 것인 듯, 이곳저곳에 크고 작은 섬들이 잔잔한 바다 물결 위로 펼쳐져 있었다. 그리고 남해안 최대의 수산도시라는 수식어가 붙는 통영의 중앙시장에서는 그러한 자연의 혜택을 맘껏 누리고 있는 장면들을 쉬이 찾아볼 수가 있었다. 곳곳의 횟집과 활어들, 각종 해산물들이 가득 채워져 있는 어항 앞의 상인들과 난전들, 통영의 바다를 입속까지 가져와 채워넣으려는 사람들의 북적임으로 시장은 더욱 활력이 넘쳤다.

그도 그러하리만큼 경상남도를 단위로 한 조사에서 '여행방문지를 선택한 이유(2012)'의 물음 중, 최상위의 도시에 통영이 선정되었던 것은 총 두 가지 항목에서인데, 그 중 하나가 바로 '먹거리'였다. 시인 백석은 '통영'이라는 제목의 시에서 "바람 맛도 짭짤한 물맛도 짭짤한/ 전복에 해삼에 도미 가재미의 생선이 좋고/ 파래에 아개미에 호루기의 젓갈이 좋고/ 새벽녘의 거리엔 쾅쾅 북이 울고/ 밤새껏 바다에선 뿡뿡 배가 울고/ 자다가도 일어나 바다로 가고 싶은 곳"이라고 통영에 대한 인상을 표현할 정도로 사람들에게 통영은 봄에는 도다리쑥국, 여름에는 갈치 호박국, 겨울엔 물메기탕 등 철마다 풍성한 바닷가 별미가 있는, '먹거리 고장'으로 꼽히는 곳이기도 하다. '금강산 구경도 먹은 후에야 한다'고 많은 축제들이 있고, 많은 좋은 문화시설들을 갖춘 도시들이 넘쳐나도 미각을 자극하는 제철의 싱싱한 식도락 여행이 더해진 통영의 공간은 바다라는 이름의 향수와 그 갈증을 충족시키기 위해 집을 떠나 온 여행자들의 발걸음을 붙잡아 두리만큼 매력적인 곳이었다.

예술의 도시, 통영

위에서 언급했던 '여행방문지를 선택한 이유' 중 통영시가 1위를 차지한 또 다른 항목은 '볼거리와 즐길 거리'부문이었다. 이것은 두 번째로 통영이란 공간이 사람들을 이끄는 이유인 '문화적 환경'이라는 요건에 의한 것으로 설명할 수 있겠다.

사람들은 공간을 경험하는데, 이러한 경험이 차곡차곡 쌓였을 때에 그 공간은 자신만의 장소가 된다. 본래 공간은 자연적으로 이미 있어왔던 것이나, 그 공간을 살아가는 사람들에 의해 문화적인 색채들이 입혀지고 그것들이 덧입혀지면서 공간은 새로운 의미의 장소성을 부여받게 되는 것이다. 이런 식으로 생성되는 장소의 이미지는 소문이나 방송 등 어떠한 매체를 통해 그 장소 밖의 사람들에게도 전달이 되고, 이들이 비로소 그 공간을 찾게 되었을 때에는 또한 이미 생성되어 있던 장소의 이미지 위에 자신들이 경험하는 과정에서 갖게 된 온갖 감정과 인식들이 더해져서 자신만의 장소가 만들어지는 것이다. 통영의 공간이 이러한 장소로서의 의미를 갖게 되는 것도 통영의 자연환경과 그 속에서 더불어 살아 움직이는 사람들의 생활의 총체, 혹은 경험의 총체가 어우러져서 소통하는 가운데 만들어지는 것이라고 할 수 있겠다.

통영은 많은 걸출한 예술가들을 배출한 예술의 고장, 즉 '예향'으로 이름 높다. 소설가 박경리와 김용익, 시인 유치환과 김상옥, 김춘수, 극작가 유치진, 화가 김형로와 전혁림, 음악가 윤이상 등 수많은 문화예술계의 거목들이 통영에서 난 것이다. 통영시는 앞선 이들과 관련된 장소들을 관광명소로 만들어 관광객들의 방문을 유도하고 있다. 더불어 관광지 뿐 아니라 축제 등 다른 형태로의 변환도 시도하고 있다. 이는 장소를 상품으로 인식하면서 장소와 장소성에 대한 인식의 패러다임이 변화하면서부터 생겨 난 장소마케팅의 관점에서 바라보면, 이러한 현상은 통영시가 추진하고 있는 문화마케팅의 일종으로 이해가 가능하다. 통영시가 보유한 많은 지역 출신의 예술가들은 곧 지역의 예술적이고 문화적인 이미지로의 이미지 마케팅을 가능하게 하고, 지속적으로 활용 가능한 상품과 같은 브랜드 가치를 갖게 된다. 그리고 통영시는 이러한 인적·문화적 자원들을 가지고 관광객들이 방문하고 싶을 만한 공간을 만들고 소비하고 싶을 만한 상품을 개발하는 등의 적극적인 마케팅을 벌여서 그들을 직접적으로 지역의 현장으로까지 끌어 들이고 있는 것이다.

세계 속의 통영국제음악제

이러한 관점에서, '통영국제음악제(TIMF)'는 '윤이상'이라는 지역의 자원을 활용한 축제의 한 예가 된다. 윤이상이라는 이름이 한국에서 대중적으로 쓰이게 된 것은 그 역사가 짧다. 그는 지금 현대음악의 5대 거장으로 불리지만, 동백림 사건에 연루되었던 역사적 배경에 의해 사상범의 잣대로 냉대를 받았다. 이러한 이유로 이전까지 그는 부정적인 이미지를 가지고 있던 지역출신의 예술가일 뿐이었다. 그러나 98년도에 평양에서 개최된 '남북 공동 제1회 윤이상통일음악제' 이후, 그의 업적은 완전히 재평가된다. 통영시 또한 그를 적극 마케팅 했고, 이렇듯 시대적 상황이 윤이상의 음악적 가치를 재조명하는 과정에서 윤이상이란 지역인재가 부각될 수 있었던 것이다. 그런데 윤이상이라는 브랜드는 상당히 그 가치가 큰 것이어서 국제음악제로 전환한 이후, 세계적 거장들이 음악제에 참여하게 되었고, 그에 따라 많은 관람객들이 통영시를 찾았다. 공연티켓이 연일 매진되기도 했다. 이렇게 통영시는 축제의 기반을 초반부터 빠른 속도로 다질 수 있었다.

축제를 찾는 사람들

이 가운데 주목할 만한 것은, 국제음악제의 기반을 지탱할 수 있었던 주요요인인 관람객들의 성장배경이다. 통영국제음악제를 찾은 관람객들은 휴가를 계획하면서, 아름다운 자연환경 다음으로 연극이나 음악회, 박물관 관람 등과 같은 문화예술활동의 기회를 두 번째로 꼽았다. 현대사회 속에서 점점 높아져 간 것은 도시의 빌딩만이 아니다. 인터넷을 통한 정보의 확산과 산업의 변화에 따른 전시·공연 등, 문화예술 관련 엔터테인먼트 분야의 지속적인 공급증가로 인해 여러 문화권에 걸친 다양한 공연을 감상하고 경험하면서 관람객들의 문화적인 관심과 수준 또한 높아졌다. 그에 따라 공연 주최측들은 더 이상 초기의 전형적인 공연 레퍼토리나 운영방식을 통해서는 이들의 관심을 끄는 것이 쉽지 않게 되었고, 그렇기 때문에 이제는 이전의 것과는 다른 양식의 새롭고 흥미로운 공연을 편성할 필요성이 생기게 되었다. 그러한 관점에서 통영국제음악제는 긍정적인 방향으로 운영되고 있다고 할 수 있다. 통영국제음악제는 고전

음악의 전형적인 클래식 공연보다는 새로운 장르와 파격적인 음악적 시도가 계속적으로 이루어지고 있는 현대음악 공연에 더 집중하였다. 그래서 기존과는 다른 장르의 공연들을 많이 편성할 수 있었고, 이러한 공연은 관람객들의 궁금증을 자극해서 그들을 더욱 끌어 모을 수 있었을 것이다.

우리가 통영국제음악당에서 처음으로 관람했던 공연은 뉴욕 현대음악의 제 3세대인 일렉트릭 챔버 앙상블 뱅 온 어 캔(Bang on a can)의 다양한 장르를 넘나드는 새로운 형식의 현대음악 공연이었다. 그야말로 신선하고 충격적이었다. 이번 공연은 그들의 첫 내한 공연으로 통영의 공연을 거친 후에 서울에서의 공연을 계획했을 만큼 통영의 국제음악제가 좋은 공연을 선보이기 위해 서울 못지않게 매우 발 빠르게 움직이고 있음을 보여주었다. 오늘날 더욱 증가하고 있는 방문객들의 '볼만한 것'에 대한 욕구에 발맞추어 음악제의 주최측이 민감하고 재빠르게 반응하고 있다는 사실은 관람객들이 그만큼 통영국제음악당을 방문하기에 충분한 이유가 될 수 있으리라 생각된다.

왜 통영일까?

그러나 이쯤에서 이러한 사실만으로는 완전히 설명되지 않는 한 가지 궁금증이 생긴다. '왜 꼭 통영이어야 하는 것일까?'라고 하는 점이다. 새롭고 흥미로운 프로그램들은 서울이나 여타 큰 도시에서도 많이 찾아볼 수 있고 충분히 경험할 수 있을 텐데, 관람객들은 왜 굳이 통영의 국제음악제를 찾고, 국제음악당을 방문하는 것일까? 실제로 방문객들은 통영국제음악제를 관람하게 된 동기로 첫째 '높은 공연의 질과 다양한 프로그램', 둘째 '작곡가 윤이상의 고향', 셋째

'통영의 자연환경과 음악제의 조화'를 꼽았다. 이를 통해 주목할 만한 점은 통영국제음악제를 관람하는 이들이 기대한 것은 물론 공연의 질과 프로그램의 내용이 가장 큰 부분을 차지하였지만, 그 다음으로 통영이라는 지역이 가지고 있는 장소적인 특성에 대한 관심과 기대가 또한 포함되어 있었다는 사실이다.

통영국제음악제의 배경이 되고 운영에 힘을 싣고 있는 것은 바로 세계적인 작곡가 윤이상이라는 하나의 브랜드이다. 이 때문에 공연에 참가하는 팀을 비롯하여 국제음악제의 방문객까지 이곳 통영을 찾고 있는 것이라고 말할 수 있을 정도로 윤이상이라는 이름이 가진 브랜드 가치의 힘은 크다. 윤이상의 삶을 통하여 보면, 그는 통영에서 태어났으며 타국에 정착한 뒤에는 죽을 때까지 고향땅인 통영을 그리워했다고 한다. 관람객들은 먼저 '한국에서 난 세계적인 작곡가'라는 점에서 윤이상을 주목하고, 다음으로는 그가 태어난 곳이자 그가 사랑했던 고향인 통영이 어떠한 곳인지 궁금해 하게 된다. 그리고 이내 윤이상과 통영을 자연스럽게 연결된 하나의 개체로 인식하게 된다. 그래서 비록 윤이상이라는 위대한 작곡가는 죽었지만 그의 정신은 그가 만든 음악 속에 고스란히 담겨 있고, 윤이상을 탄생시킨 그의 고향 통영에 가면 그와 그의 음악을 더 잘 이해할 수 있을 것이라고 생각하게 되는 것이다. 즉, 관람객들은 '통영에 가면 윤이상의 정신을 어느 정도 느낄 수 있을 것'이라는 기대감에서 출발하여 국제음악당과 통영을 방문하게 되는 것이다. 실제로 2007년 당시 윤이상 탄생 90주년을 맞이해 통영을 찾아 윤이상의 현악 5중도 5번을 선보였던 미국의 현대음악 연주단체인 크로노스 콰르텟은 "윤이상 선생의 고향에 오니 그의 음악에 대한 궁금증이 풀린다"고 말했다.

결론적으로 사람들이 통영의 국제음악당을 찾는 것은 통영이 가지는 자연적이고 문화적인 장소의 특성 때문이라고 볼 수 있겠다. 앞서 말한 바와 같이 통영을 찾는 관광객들은 통영의 자연환경 속에서 자신이 살고 있는 한국이라는 공간과 호흡하고 그 일부를 전체인 것처럼 느끼는 과정에서 정경을 즐기는 가운데 마음에 담아두어 추억한다. 통영을 경험하며 그들은 그들이 살아가는 세상의 실체와 마주하고, 자신이 존재한다고 믿어지는 소속된 공동체의 확장된 공간을 경험하게 된다. 또한 통영이 가진 문화적 환경에 대해 듣고 그것을 접하면서 사람들은 자신이 나름대로 소화하여 정립한 문화적인 색채를 통영의 자연 위에 그들의 방식대로 한 번 더 덧칠을 한다. 그럼으로써 그들은 자신만의 장소로써 통영이라는 지리적 위치의 공간을 간직하게 된다. 그들은 통영의 문화적 자원인 통영 출신의 문인과 예술가들의 생가나 박물관, 미술관, 또는 기념관 등을 방문하며 통영이란 장소와 얽힌 그들의 이야기와 소통하길 원하고, 이러한 장소의 체험은 사람과 장소적인 환경의 상호작용을 통해 형성되고 강화된다. 이를 통해 그들은 그들의 일상생활에 영감이나 활력을 불어넣는 경험을 하는 것으로 만족감을 얻으며, 자신의 정체성과 소속감, 그리고 안정감을 또한 찾게 되는 것이다.

통영, 그곳에 가면 한국의 나폴리로 불리며 아름다운 바다빛깔과 한려수도의 다도해가 보여주는 자연경관의 매력이 통영을 찾는 이들의 발걸음을 한 번 붙잡고, 많은 예술인의 고향으로 나 또한 그곳에 가면 예술인의 대열에 끼어 그들과 이야기할 수 있을 것만 같은 설렘이 또 한 번 발길을 붙잡는 곳. 이제는 '해양관광 휴양도시'나, '남해안시대 중심도시'보다 '음악의 도시 통영', '문화예술의 도시 통영'이라는 호칭이 더욱 설득력 있게 다가오는 만큼 성장한 국제음악제가 많은 새로운 볼거리를 찾아 유람하는 관광객들의 발걸음을 잡아 두기에 충분한 그곳으로 통영이 점점 우리 마음 속 예술의 바다란 고향이 되어 가고 있는 것은 아닐까.

통영국제음악제를 만드는 사람들

축제가 최초로 개최된 시기별로 분류해보면 공연예술축제 중 76% 가 1995년 이후에 개최되기 시작했으며 그 중 절반이 2000년 이후에 개최된 것들이라고 한다. 즉, 공연예술축제는 우리나라에서 본격적으로 지역축제가 개최되고 어느 정도 자리를 잡은 이후에 나타난 새로운 형태의 축제라는 것을 알 수 있다. 통영국제음악제가 지역축제로서 또 음악축제의 형태로 나타난 대표적인 축제라고 할 수 있다. 올해로 14번째인 통영국제음악제의 연중 프로그램은 봄, 여름, 가을 시즌 세 부분으로 나누어 개최된다.

각 시즌마다 색다른 프로그램으로 나누어져 진행된다. 봄 시즌에는 음악제와 프린지 공연이 열린다. 세계적으로 유명한 연주자들을 초청하여 이루어지며, 작곡가 윤이상이라는 브랜드를 사용하는 만큼 음악제 기간 중에는 윤이상의 곡들이 연주가 되고 있으며, 현대음악을 많이 편성하는 편이다. 프린지 공연은 선별의 과정을 거치지 않으며 자율성을 전제로 한 표현의 장으로 아마추어에서 작가까지 자격에 관계없이 누구나 자유롭게 참여하여 관객과 공연자가 함께 호흡하고 즐기고 만들어가는 공연이다. 2012년에는 163개 팀이 200회 자유공연을 하였다. 다국적 밴드로 참여했으며, 2010년부터는 '찾아가는 프린지 : 마실 콘서트'를 통해 관객들의 요청이 있는 곳, 통영시내 어느 곳이든 찾아가 공연을 열고, 관객과 소통하는 열린 무대를 만들고자 했다.

TIMF 아카데미와 국제음악제

여름시즌은 TIMF 아카데미가 열린다. TIMF 아카데미는 2005년 윤이상의 10주기를 기념하기 위해 독일의 세계적인 현대음악 연주단체인 앙상블 모데른과 함께 시작되었으며, 우수한 국내 외 강사진의 레슨과 워크숍, 콘서트를 통해 한국과 아시아의 재능 있는 음악 인재들에게 교육을 제공하고 있다. 가을 시즌에는 윤이상국제음악콩쿠르가 매년 10~11월경 번갈아 개최된다.

　이와 같이 매 계절뿐만 아니라 통영국제음악제는 해마다 주제를 정하여 그 주제에 맞게 축제를 만들어가고 있다. 1999년부터 2014년까지의 역대 통영국제음악제 주제를 살펴보면 다음과 같다.

표1. 통영국제음악제 역대 주제

년도	주제
1999	윤이상 가곡의 밤
2000	윤이상을 기리며 (Hommage a Isang Yun)
2001	음악과 여성(Music & Women)
2002	서주와 추상(Fanfare & Memorial)
2003	꿈(Dream)
2004	공간(eSPACE)
2005	기억(Memory)

2006	유동(FLUX)
2007	만남(RENCONTRE)
2008	자유(Freiheit)
2009	東과 西(동과 서)
2010	音樂+(MUSIC+)
2011	전환(Moving Dimension)
2012	소통(Without Distance)
2013	자유고독(FREE & LONELY)
2014	바다 경치 (Seascapes)

　　매년 같은 주제와 테마가 아닌 그 해에 맞는 컨셉의 주제와 테마로 진행하고 있다. 또한 그 주제에 맞는 공연 내용으로 바뀌어 매년 새롭게 개최되고 있다. 세계적인 작곡가 윤이상과 그의 음악세계를 재조명하며 끊임없이 변화하는 음악축제로 구성된다는 기본적인 목표를 가지고 축제는 진행된다. 2014년의 주제는 'Seascapes'로 통영의 아름다운 바다와 국제음악당이 어우러진 멋진 배경이 음악제를 방문하는 예술가와 관객에게 커다란 영감을 선사하기를 바라는 마음을 담고 있다. 또 역동적인 통영의 바다 풍경이 작곡가 윤이상의 음악세계에서 중요한 환경적 요소를 차지한다는 데에서도 그 의미가 닿아있다고 할 수 있다.

프린지, 아마추어들의 향연

우리가 방문한 시즌은 봄으로 국제음악제와 프린지공연을 목적으로 하였다. 통영으로 답사지를 결정하고 난 뒤 가장 큰 관심을 끌었던 공연은 프린지였다. 바다를 배경으로 울려 퍼지는 자유로운 음악들을 밟는 길마다 들을 수 있을 것이라는 기대감과 프린지 특유의 소통과 호흡을 기대했기 때문이다. 하지만 통영국제음악제 공식 홈페이지 그 어디에도 프린지 공연에 대한 일정이 나와 있지 않았다. 출발하기 전날 사무국에 직접 전화를 걸어서야 핸드폰으로 찍은 사진 한 장짜리 일정표를 받을 수 있었다. 그러나 결과적으로 우천상황으로 윤이상 메모리얼홀에 이르러서야 프린지 공연을 볼 수 있었고, 거리공연은 구경조차 할 수 없었다. 내심 국제음악제라는 타이틀에 우천 시에도 강행하지 않을까 했던 기대감은 무대세트들이 비를 맞으며 거리에 놓여있는 모습을 보며 단념하게 되었다. 통영을 처음 방문하기도 했고 빗속에서도 기분 좋은 바다 내음과 특유의 분위기를 풍기는 도시를 보러간다는 마음에 무거운 비의 무게도 견디며 도착했건만 허무함을 느꼈던 것은 나뿐만은 아니었을 것이다.

그림 1. 윤이상기념관 메모리홀 프린지공연

뱅 온 어 캔 올스타(Bang on a can All-Stars)

일정상 개막공연을 보지 못하고 선택한 공연은 '뱅 온 어 캔 올스타
(Bang on a can All-Stars)'로 피아노와 첼로, 베이스, 퍼커션, 기타,
클라리넷으로 구성된 앙상블이었다. 장르의 경계를 허무는 '뱅 온
어 캔(Bang on a can)'의 중요 프로젝트를 추진하는 핵심 그룹이다.
이 공연은 전 세계의 음악계에서 새로움과 신선한 음악을 찾는 이들
에게 열렬한 지지를 받고 있을 정도로 악기를 다루는 이들의 수준
도 매우 높을 뿐더러, 그들이 다루는 장르도 클래식, 재즈, 월드뮤직
등 다양했으며, 프로그램의 내용 또한 기존음악의 틀을 깨는 형식
의 것이었다.

　그들의 공연은 영상물을 활용하였고 우리가 생각했던 단순
한 '현대음악 공연'보다는 시각예술까지 첨가하여 새로운 작품으
로 선보였다. 캔 따는 소리, 고양이가 뛰어다니는 소리와 그 눈높이
에 맞춘 영상 등 일상에서 듣고 지나치는 사소한 하나의 소리까지
도 음악과 함께 보여주어 일상을 음악으로 변화시키는 '필드 레코
딩(Field recording)'이라는 프로젝트를 보여주었다.

　그들이 연주한 필드 레코딩 중 가장 인상 깊었던 곡은 존 케이
지(John Cage)가 자신의 음성으로 직접 녹음한 일기를 이용한 연주
였다. 자신의 일상을 적은 일기를 소리 내어 읽어나가는 케이지의 목
소리와 함께 뱅 온 어 캔 올스타의 연주자들은 이 '대화'를 함께 소
리로 접목시켜 음악으로 만들었다. 그야말로 일상의 모든 것을 음
악으로 끌어들이는 새로운 음악을 선보인 것이다. 그들의 연주를
듣는 동안 음악연주와 영상작품을 동시에 듣고 보며 현대미술과 현
대음악이 하나로 표현될 수 있겠다는 특별한 경험을 하게 되었다.
음악 전공자는 아니나 한창 현대음악을 기계처럼 연주할 때 '고전적

인 지루한 음악'이라고만 생각했고 이것은 '그 자체로 연주되어지고 들려져야 한다'라고만 생각했다. 그러나 뱅 온 어 캔 올스타의 연주가 나의 편견을 뒤엎어버렸다.

그림 2. 통영국제음악당 메인홀

통영국제음악제를 만든 김승근 이사는 세계일보 인터뷰에서 통영국제음악제의 의미를 이렇게 말했다.

"통영의 의미는 '발굴'에 있어요. 오스트리아의 잘츠부르크페스티벌이나 독일의 바이로이트 페스티벌 등과 색깔을 같이 가져가면 경쟁에서 밀려날 수밖에 없어요. 굳이 따라 갈 필요도 없고요. 통영은 앞으로 주목받을 아시아의 작곡가 연주자들을 찾아낸다는 점에서 의미가 있다고 봐요. 미래의 윤이상을 찾는 작업이죠. 시간이 흘러 신뢰가 쌓이다 보면 '통영'이 세계 현대음악의 관문 역할을 할 수 있다고 봅니다.”

지역축제와 더불어 음악제로서 축제의 장을 넓혀 나가고 예술
성과 대중성의 균형을 맞추어 관객과 함께 '통영'을 세계적 무대로
키워 나가는 것이 통영국제음악제의 최종 목표일 것이다. 통영국제
음악제가 지역과 함께 세계 대표적인 현대음악의 중심지로 발돋움
하기를 기대해본다.

축제와 공간이 만드는 하모니

공간은 삶의 존재와 관련해서 그 공간이 나를 대신하거나 공간이 나에게 감동을 줄 때, 공간이 나를 지지할 때 가치 있다. 통영은 아름다운 바다와 자연경관이 통영을 감싸고, 그 안에서 분주하게 움직이는 여러 사람들과 건물들로 도시를 이루고 있었다. 통영 중앙시장의 사람들은 통영이라는 공간을 대신하고 있었다. 사라질 위기에 놓여 있던 마을을 벽화마을로 탈바꿈시키고 지속적인 관심을 가지고 있는 동피랑 마을과 통영의 바다는 감동을 줄 만 했다. 동양의 나폴리라고 칭해지는 통영의 공간은 앞서 언급했듯 사람들을 유도하기에 충분한 매력과 가치를 가지고 있었다.

통영의 무수히 많은 공간 중에서도 우리가 이야기하고자 하는 것은 2002년 시작되어 지금은 통영이라는 도시 자체의 브랜드 이미지가 되고 있는 '통영국제음악제'와 통영의 여러 '통영국제음악제를 담는 공간'이다.

통영국제음악당

축제가 이루어지는 공간의 형태는 매우 다양하다. 크게 거리나 광장과 같은 오래전에 만들어져 도시 자체 내의 일상성을 지닌 자연스러운 공간과 건물이나 임시로 만들어진 무대나 객석, 천막 등 인공적으로 설치된 공간으로 구분 지을 수 있다. 우리는 산, 꽃, 들, 강, 바다, 눈 등 뛰어난 자연 경관이 있는 곳 어디에서나 축제를 경험할 수 있다. '자연'이라는 소재가 축제의 기본 소재가 된다면 그 자연을 좀 더 크게, 좀 더 가까이 만끽할 수 있는 자연스러운 공간을 중심으로 축제가 이루어진다. 미술, 문학, 음악 등을 위시한 다양한 예술 장르가 축제의 소재가 된다면 그 예술을 담아내기에 충분하거나 축제를 방문하는 이로 하여금 더 큰 감동을 줄 수 있는 공간이 축제의 공간이 된다. 예술 장르 축제에서는 축제의 성격상 자연스러운 공간과 인공적으로 설치된 공간 모두 필요하다.

TIMF가 이루어지는 통영 역시도 이러한 필요에 따라서 '통영국제음악당'을 건립했다. 통영국제음악제는 매해 성장해나갔고, 이를 뒷받침해 줄 수 있는 공간에 대한 필요는 어쩌면 당연해보였다. 많은 사람들의 기대 속에 통영국제음악당이 문을 열었고, 운이 좋게도 개관 첫 해에 그 곳을 방문할 수 있었다.

우리는 통영국제음악당을 방문하기 전, 몇몇 인터넷 기사 자료와 사진, 도면, 배치도 등등을 찾아보고 떠났다. 통영국제음악당을 소개하는 기사에는 하나 같이 날개를 상징화한 파사드에 대한 언급을 하고 있었고, 바다 조망이 아름다운 언덕에 위치했다고 말하고 있었다. 저녁 공연을 위해 도착해 국제음악당의 야경을 볼 때 까지만 해도 우리에게 통영국제음악당은 건물 그 자체로만 다가왔다.

그림 3. 통영국제음악당 야간 파사드

　2013년 11월 8일 정식 개관한 통영국제음악당은 애초 진의영 전 통영시장은 미국에 위치한 프랭크 게리 사무소를 방문해 그와의 계약을 추진했다고 한다. 수차례 접촉 끝에 2009년 프랭크 게리는 인생 최대의 역작을 통영에서 만들겠다고 입장을 밝혔으나 1천억 원에 달하는 예산 추가 확보를 위한 타당성 검토와 다른 지방자치 단체와의 예산 지원 형평성의 문제로 결국 무산되었다. 이후 2010년 대림건설 컨소시엄이 시공사로 선정되어 3월에 착공을 시작해 사업 비 520억원이 투자되었다. 총 부지는 부지 3만3천58㎡에 연면적 1만4천618㎡의 건물로서 지상 5층의 규모를 자랑한다. 1300석 규모 의 콘서트홀과 300석 규모의 다목적 홀, 그리고 야외 공연 4개소로 서 남부권 최고의 음향시설을 자랑한다. 갈매기가 날아오르려는 모 습을 형상화한 음악당은 콘서트홀과 다목적홀을 별도의 건물에 배 치함으로써 소리의 간섭을 최대한 배제하였으며, 공간 배치에 좋은 예를 보여주고 있다.

　통영국제음악당은 수상 자원을 활용한 입지 조건임에도 불구 하고 라이팅은 건물 앞쪽과 하늘만 비추고 있었다. 공연이 밤 시간에 진행되는 것은 당연하다. 그렇다면 라이팅을 활용해 수변시설을 비추는 방법이 있었다면 훌륭한 자연경관과 음악, 건물이 삼박자를 잘 이루었을 것이라 생각된다.

휴식공간의 필요성

공연 30분 전 미리 도착해 비가 내리는 하루 종일 통영 구석구석을 다니느라 노곤해진 몸을 이끌고 그 곳에 도착한 우리가 제일 먼저 찾은 것은 '편의시설'이다. 잠시 앉을 수 있는 의자와 짐을 맡겨둘 수 있는 사물함과 레스토랑, 커피숍 등이 제일 먼저 눈에 들어왔다. 2층에서 로비에 마련된 소파에 가득 앉아 있는 관람객과 로비를 분주히 활보하는 직원, 관람객을 내려다보며 다소 '시장 통 같다'라고 느낀 것은 일정 소화로 인해 피곤해진 탓도 있는 듯하다. 우리가 관람했던 뱅 온 어캔 올스타 공연은 콘서트홀에서 이루어졌는데 1300석 가운데 2/3 이상이 채워졌다. 좁은 로비 공간으로 인해 인터미션과 공연 시작 전후 관람객이 쏠리는 현상을 가져왔다. 로비 오른쪽에 마련된 식당은 안타깝게도 예약 손님만 입장이 가능한 곳이었으며 바로 앞에 마련된 휴식공간은 턱없이 부족해 보였다.

다시 생각해보면 통영국제음악당에서 이루어지는 음악공연은 오케스트라, 음악극, 현대음악 등의 프로그램이었고, 편의시설은 다소 긴장감을 가지고 공연 관람에 임하기 위해서 그 정도면 적절했던 것도 같다. 하지만 공연을 보러 오는 관람객은 저마다 다양하고 그들의 요구사항도 그만큼 더 다양하다. 콘서트홀에 입장하기 위해 길게 늘어진 관람객의 줄과 공연 전에 쉬려는 사람들, 티켓 예매를 하려는 사람들, 표를 수령하려는 사람들로 뒤엉켜져 혼잡한 공간은 썩 좋은 풍경은 아니었다.

그림 4. TIMF 로비(좌측 벽면에 전혁림 선생의 '만다라'가 걸려있다.)

도시의 중요한 시각적 장면을 조장하는 것은 한 두 개의 웅장한 건물이나 거대한 광장이 아니라 바로 그곳에 사는 사람들의 삶의 모습이다. 문화 공간 혹은 시설조성에서 반드시 고려해야 할 것은 공간은 단순한 실체가 아니라 삶을 닮는 그릇이자, 삶을 생성하는 발전소라는 것이다. 따라서 단순히 물리적 시설조성에만 급급할 것이 아니라 그 공간 이용할 사람과 그 공간에서 이루어지는 활동, 즉 콘텐츠를 보다 중요하게 생각해야 한다. 이러한 면에서 통영국제음악당이 눈에 띠기만 하는 건물이 되어서는 안 된다. 더욱이 음악과 축제를 하기 위해 만들어진 공간이라면 물리적 시설 조성보다는 안에 담는 콘텐츠와 그 콘텐츠를 기획하고 발전해나가는 일이 무엇보다 중요하다.

축제공간은 공간 그 자체로 기억되는 경우도 있겠으나 대부분은 '경험'에 의해 기억되는 경험공간이다. 그러한 면에서 앞으로 축제를 담는 공간으로서 TIMF를 담는 통영국제음악당은 역할은 더 많은 이들을 더 많이 감동시키는데 있다고 볼 수 있다. 새로이 개관된 곳임에도 불구하고 로비 공간의 비효율적인 모습은 음악당 운영을 위해 새로이 투입된 33명의 직원이 관람객을 위한 서비스 직원이 아님을 알게 된 순간이었다. 배포된 자료에는 음악당의 공연 이외에 음악제에 관한 브로슈어는 일체 제공되지 않아 아쉬움을 주었다. 다양한 요구를 가진 사람들로 뒤엉켜져있던, 혼잡했던 그 날에 국제음악당의 직원들이 조금 달랐으면 어땠을까. 조금 더 친절한 안내와 체계적인 진행이 있었다면 다르지 않았을까. 그랬다면 '대체 뭘 하고 있는지 모르겠는 저 까만색 정장을 입은 사람이 직원이고, 내가 볼 공연에 대한 브로슈어를 찾지 못해 매표공간에 있던 책자를 무더기로 들고 와 앉아 있는 내가 관람객이구나' 란 생각만 들게 하진 않았을 것이다.

프린지의 매력

한편 하루 종일 프린지가 열리기로 되어 있었던 동피랑 언덕, 강구안 야외공연장은 비가 내리는 바람에 조용했다. 어렵게 얻을 수 있었던 프린지 공연 일정표가 무색해지는 순간이었다. 우천 상황으로 인해 대부분의 프린지 공연이 시간이 조정되거나 취소되었다.

통영국제음악재단이 발간한 3/28~4/3 2014 통영프린지 브로슈어에 따르면 통영은 그동안 적은 수의 프린지 공연장소를 해가 거듭할수록 증가시켜왔고 통영 어느 곳에서라도 공연을 볼 수 있을 만큼 큰 성장을 이루었다고 말한다. 통영 어디에서나 음악이 울려 퍼지는 통영프린지였다면 우천상황에 따라 발 빠른 대처나 홍보가 제대로 이루어졌을 것이다. 윤이상기념관을 가지 않았다면 프린지

공연을 볼 수 없었을 것이다. 예정되어 있던 프린지 공연이 하루 종일 윤이상기념관 메모리홀에서 이루어진다는 공지는 어디에도 없었다. 윤이상기념관에 갔을 때 음악소리가 들렸다. '혹시 여기서 공연해요?' 라고 물으니 프린지 공연이라고, 그런데 지금은 입장이 불가능하고 노래 한 곡이 끝나는 타이밍에 입장해야 한다고 말했다. 윤이상 메모리홀에 옹기종기 모여 앉아 공연을 보면서 관객들은 박수도 치고, 노래를 따라 부르기도 했다.

프린지의 매력은 일상 어느 장소에서나 이루어지며 어떤 공연이든지 자유롭고 즐겁게 관객과 공연자가 소통하고 공감하며 이루어진다는 것이다. 그러나 우리나라 축제에서 만들어진 대부분의 프린지형 축제는 관객과 공연자가 소통하기란 여간 쉽지 않은 듯 보인다. 그 이유는 아마도 프린지의 공연이 자연스러움에서 묻어나오는 것이 아니기 때문일 것이다. 윤이상기념관 메모리홀에서 열린 프린지 공연 역시 순서대로 공연을 보여주기만 해 관객들과의 소통은 부자연스러워보였다. 더군다나 그 순서마저 리플릿과 달리 진행되었고 공연시간 역시 맞지 않았다. 시간에 쫓기며 공연을 하는 바람에 관객들과의 소통은 찾아 볼 수 없었다. 프린지의 매력을 반감시키는 요소가 그대로 나타난 셈이다. 그렇기에 더더욱 메모리홀의 공간이 관람객들로 하여금 신선하게 인식되지 못하게 된 것이다. 운영진 측에서 조금 더 공연자와 관람자가 소통할 수 있는 분위기를 형성해주었다면 그 날 그 공간은 공연자와 관람자 모두에게 새롭게 인식되었을 것이다.

그러나 아쉬움이 남는 프린지공연이기는 했으나 통영프린지의 시도는 매우 좋았다. 축제란 축제 기간 동안 일상생활의 연속선에서 벗어나 '일탈'하는 '특별'한 경험이다. 그런 면에서 여느 공연장과 같은 익숙한 공간에서 낯선 공연들은 관람객을 즐겁게 한다. 현대 사회에서 우리는 인식하든 인식하지 못하든 무수히 많은 공간 안을 구성하면서 살아가고 있다. 그런 의미에서 축제 공간은 낯선 익숙함을 제공한다. 통영국제음악제와 통영프린지가 열리는 통영이라는 장소는 관광객에게 낯선 익숙함을 제공하기에 충분한 매력적인 장소성을 가지고 있었다. 그러나 그를 더 잘 활용해야 하는 것은 통영국제음악제가 앞으로 풀어나가야 할 숙제가 아닐까.

그림 5. 프린지가 열린 윤이상기념관 메모리홀

축제공간으로 거듭날 통영

통영국제음악제는 처음 2년간은 통영문화재단 등 민간단체들의 주도로 음악제가 운영되면서 국제음악제로 발돋움하기 위한 경험을 축적하고, 2002년 통영국제음악제로 확대, 개편되었다. 여기에 음악제의 홍보대사인 TIMF앙상블을 운영, 2005년 아카데미 교육프로그램 등을 시작하면서 중요한 위치를 차지하게 되었다. 매해 새로운 주제로 현대음악을 소개하고 음악인들의 새로운 장을 펼치고자 한다. 하지만 준비단계에서부터 의아할 정도로 불친절한 공식 홈페이지와 들쑥날쑥한 일정 등은 그 매력을 반감시켰다. 2013년 한국의 축제는 문화체육관광부의 조사에 따르면 총 752개이며 매년 많은 축제들이 개최되기도 사라지기도 하지만 그 축제들 중 서양예술음악 범주에 속하는 음악축제는 많지 않다. 이런 의미에서 통영국제음악제는 충분한 브랜드 가치가 있다고 본다. 그러나 국내 관광객의 편의조차 효율적이지 않는 축제라면 더더욱 국제적인 축제로 발전하기는 어렵다.

통영국제음악제는 하나의 브랜드로서 통영을 세계음악의 중심도시 중 하나로 발전시키고, 침체기의 국내 공연 시장에 새로운 활력을 불어 넣기 위한 우리나라 대표적 축제로 자리매김해가기 위해 노력하고 있다. 앞으로도 통영국제음악제 스스로 축제로서의 가치와 음악제와 콩쿠르를 통해 선보인 국내외의 젊고 역량 있는 연주가들의 국제시장 진출로를 개척할 수 있는 대표적 클래식 공연주체자로 성장하고, 더불어 거시적인 국제음악제의 관점과 함께 지역 사회의 축제로서 공감대를 이끌어내고 국내 관광객들에 대한 공연과 축제의 장임을 놓치지 않아야 할 것이다.

통영국제음악당에서 선보인 클래식 음악은 일반인에게 낯선 장르에 속한다. 그럼에도 불구하고 통영현대음악제에서 시작된 역사가 현재까지 이어져 올 수 있었던 가장 큰 이유는 현대 클래식 음악을 즐기는 마니아층의 확보다. 문화가 있는 삶 행복한 대한민국, 문화체육관광부 자료에 따르면, 매년 음악제를 보기위해 서울에서 찾아오는 관람객을 비롯해 성장과정에서 부모님과 함께 왔던 관람객이 현재에도 꾸준히 찾아온다는 사실을 알 수 있다. 이는 지금까지 현대음악제로서의 가능성과 성공요인을 반증해주는 사례다.

음악제에 충성심이 형성된 마니아층 보다 음악제와 클래식을 즐기지 않는 사람은 더 많겠으나, 소수를 위한 지속적인 지원과 개최는 통영을 음악도시로서 발돋움하게 만드는 큰 요인이다. 이러한 노력은 음악도시의 역할을 충분히 이행하며 사람들에게 클래식을 접할 수 있게 만드는 방법이다.

미래 콘텐츠 개발과 운영

이를 위해서는 향후 이곳에서 열릴 콘텐츠를 어떻게 확보하고 구축해 나갈 것인가에 대한 것도 충분한 논의가 필요하며 그 형태는 지속가능한 것이라야 한다. 지방에서 지어진 많은 공연장들이 그 가치에 비해 콘텐츠 부족으로 많은 문제를 겪고 있다. 통영국제음악제는 매년 같은 주제와 테마가 아닌 그 해에 맞는 컨셉의 주제와 테마가 있어왔다. 그리고 주제에 맞는 공연내용으로 새롭게 개최되고 있으며 작곡가 윤이상과 그의 음악세계를 재조명한다는 기본적인 목표도 가지고 있다. 이처럼 축적되어 온 콘텐츠를 바탕으로 전문성과 차별화를 가지고 향후 지속적인 콘텐츠 개발과 운영이 절실하다.

운영 부분에서 더 언급하자면, 필요한 정보를 찾기 위해 방문하는 공식 홈페이지에서 그 어떤 정보도 쉽게 얻을 수 없었고 우천 상황과 같은 돌발 상황에서 신속하지 못한 대처 등은 전문 인력의 확보라는 문제 해결이 있다면 개선할 수 있는 문제라고 여겨진다. 현재 많은 축제와 행사들이 트위터, 페이스북과 같은 소셜네트워크를 사용한다. 관광객과 축제 운영자는 소셜네트워크를 통해 실시간으로 소통하며 이야기를 나눌 수 있게 되었다. TIMF도 마찬가지로 트위터와 페이스북 계정을 가지고 있었다. 또 물론 그 계정을 활용해 다양한 정보를 제공하고자 하고 있었다. 그러나 조금 더 실질적인, 예를 들면 우천상황으로 공연장이 윤이상기념관 메모리얼홀로 바뀌었다는 소식이 빠르게 전달될 수 있는 상황에도 그들의 계정은 조용했다.

이런 사소한 사항들은 결국에는 그 축제의 이미지에 영향을 준다. 비단 통영국제음악제만의 문제가 아닌, 지역 콘텐츠 사업 및 지역 축제의 실패는 장기성을 가지지 못하고 단발성에 그치려는 안일한 운영진의 태도에서 온다. 통영이라는 도시 브랜드의 가치를 높이고 국제 음악 도시로서 확고한 이미지를 구축하고 싶다면 축제를 매년 해치우는 단발성 행사라는 생각보다는 어떻게 하면 더 양질의 콘텐츠와 서비스를 제공할지 초심으로 돌아가 다시 한 번 고민해야 할 시점이다.

특성화된 공연과 축제 모색

한편 마니아층이 즐기는 장르라는 약점을 보안하기 위해 가져간 프린지공연은 클래식과 또 다른 맛을 제공하며 음악제를 몰랐던 관광객에게 한발 더 다가서기 위한 노력의 결과다. 2014년 올해로 13회째 맞이하는 통영국제음악제는 국제음악당의 개관과 함께 양적인 발전은 물론 질적인 콘텐츠의 발전이 비약적으로 이루어질 수 있는 기회다. 통영국제음악제 프로그램과 발맞춰 통영프린지의 홍보가 더욱 활발해진다면 앞으로 관객들의 큰 호응을 얻을 것이며 게릴라성 프린지공연으로 인해 통영지역을 방문하는 목적을 음악제로 두지 않는 관광객들에게도 좋은 볼거리를 제공할 수 있을 것이다.

수도권으로 집중된 문화 현상 중 공연과 축제를 지방으로 분산시키는 방법 중 장르의 특성화는 가장 효과적은 성과를 가져 올수 있을 것이다. 대중에게 잘 알려지지 않았으며, 비교적 고급문화라 여기는 클래식을 통영이 선점하면서 한강이남 권역에서 최고의 클래식 음악제를 개최 할 수 있었던 이유기도 하다. 지속적인 콘텐츠 개발에도 불구하고 우려 섞인 목소리가 들리고 있다. 바로, 올해 개관된 국제음악당의 활용방안과 축제의 정체성 확보다.

일례로 경북 울진 워터피아 페스티벌은 울진군이 주관하는 여러 축제들을 한데 모아 워터피아 페스티벌로 재탄생되었다. 그 면모를 살펴보면 울진바람요트축제, 수토사 뱃길재현, 백암온천축제 등 각종행사가 울진 전역에서 동시다발적으로 이루어졌다. 축제의 슬로건은 3욕, 삼림욕·해수욕·온천욕으로 묶어 진행된 페스티벌은 문제점을 야기했다. 통영의 음악제 역시 울진의 문제를 안고 있다. 음악제라는 이념에서 출발했으나 홍보와 마케팅 부족은 물론, 경쟁력 없는 프린지 공연과 동시다발적 프로그램 개최는 정확한 커리큘럼이 마련되지 않았다.

울진의 경우 축제의 정체성이 전체를 아우르지 못했으며, 울진 전역 곳곳의 공연장은 각자의 방식으로 진행되었다. 울진군은 앞선 문제를 해결하기 위한 방안으로 축제의 발전전략을 크게 정체성 확보, 킬러 콘텐츠 개발, 차별적 홍보와 마케팅 전략 수립으로 요약했다.

통영국제음악제의 발전가능성

이에 반해 축제를 대표하는 랜드마크인 국제음악당이 완공된 시점에서 통영국제음악제의 발전가능성은 다분해 보인다. 다만 앞선 우려를 잠재울 수 있는 탄탄한 프로그램과 운영이 필요한 시점이다. 특히 연극 공연 등의 예술장르에 종사하는 전문 인력은 수도권에 많이 모여 있는 실정이다. 통영국제음악당이 축제의 공간이자 통영을 대표하는 공간으로 자리매김하기 위해서는 무엇보다 중요시될 것이 통영국제음악당을 이루는 콘텐츠의 개발과 그 콘텐츠를 기획 운영할 전문 인력의 확보다. 아름다운 자연경관과 훌륭한 건축물, 기대 이상의 공연 등이 어우러졌던 통영국제음악제가 앞으로 더욱 발전하기 위해 필요한 것으로 우리가 입을 모아 의견을 제시했던 것은 바로 차별성 있는 지속적인 콘텐츠의 개발 운영과 전문인력의 확보다.

공간 자체를 이야기하자면, 국제음악당 수준의 콘서트홀에 비하여 로비공간과 휴식공간은 부족해 보였다. 음악당에서 가장 유동인구가 많은 곳이 중앙 로비공간이다. 통영국제음악당의 로비공간은 대기시간이나 인터미션 시간에 몰리는 인원을 감당하기에는 매우 부족해 보였다. 앉아서 휴식을 취할 수 있는 공간이나 휴게시설의 운영에 문제가 있어 보였다. 1300석 규모의 콘서트홀 이외에 300석의 규모를 가지고 있는 다목적홀의 활용 또한 앞으로는 더더욱 신경 써야 할 부분이다. 아무리 훌륭한 기획과 좋은 공간을 가지고 있다 하더라도, 운영하는 사람들이 진정 축제를 즐기기 위한 장을 만들어주지 않는다면 축제와 공간은 융합되지 못한 채 한 번의 행사로 남게 된다. 또 더불어 축제기간 이외에 국제음악당의 콘서트홀과 다목적홀이 사용되지 않는다면 축제 기간 동안만 사용하고 평상시에는 비어있는 공간이 되어 버린다. 질 높은 축제 공간으로서, 음악의 도시라는 브랜드에 맞춰 국제음악당을 활용하기 위해서는 축제 기간뿐만 아니라 그 이외의 평상시에도 많은 공연이 진행되어야 하며 관람객과의 소통이 이루어져야 한다.

마지막으로 통영국제음악당은 고전 클래식 음악보다는 현대음악을 다루는 축제의 랜드마크로서의 역할을 수행해야 한다. 해외 유명 음악제를 살펴보면 고전 클래식음악을 기반으로 성공한 축제는 무수히 많다. 하지만 통영이 국제음악제로 주목받은 이유는 현대음악을 기반으로 한 축제이기 때문이다. 세계의 젊은 현대음악 작곡가, 연주자들의 만남의 장 그리고 국제현대음악제의 랜드마크가 될 것을 기대해본다.

저자 한마디

대학원에 입학한 지 한 달 만이었습니다. 무엇을 보게 될 지도 모른 채, 학부 졸업여행 이후 두 번째로 방문하게 된 통영으로의 답사는 '나만의 시각'에 대한 고민에 빠져들게 했습니다. 이제껏 크게 신경 쓸 일이 없었지만, 대학원생이 된 이상 당연히 가져야 한다고 생각되는 그런 전문적인 시선을 나도 당연히 가져야 한다고 생각했기 때문이었습니다. 사실 이 고민이 금세 풀릴 것이라는 생각은 과분한 욕심인지도 모르겠습니다. 하지만 현장을 둘러보면서, 그리고 답사를 마친 뒤에 통영이 제게 마음으로 남긴 말 한 마디는 그러한 고민에서 나를 잠시 놓아주도록 했습니다. 그것은 바로 자신의 흔적마저 지울 만큼 잔잔히 일렁이면서도 끊임없이 와 닿는 통영바다 물결의 "Feel it"이라는 작지만 힘 있는 목소리였습니다.

－ 권평이

저자 한마디

'현장에 답이 있다.' 대학원에 들어오고 나서 가장 처음, 또 가장 많이 들은 말 가운데 하나는 바로 현장에 답이 있다는 것이다. 공부는 책에만 있지 않고 현장 곳곳에 스며들어 있다는 말은 대학원 답사를 거듭하면서 직접 느낄 수 있었다. 특히 학생회장으로 통영 답사를 직접 주관한 입장에서, 이번 답사는 정말 다양한 것을 배울 수 있는 계기나 아니었나 생각된다. 축제와 공연, 역사, 문화 공간 등 다양한 형태의 문화콘텐츠를 직접 발로 뛰며 느끼고 알게 되는 기쁨이 있었다. 요즘 많은 지역에서, 또 많은 기획자들이 '지역콘텐츠 활성화'를 언급한다. 콘텐츠를 배우고 기획하는 입장에서 통영과 춘천 답사는 수용자가 진정 즐길 수 있고, 웃게 하며, 감동하는 지역콘텐츠의 활성화가 어떻게 이루어져야 하는지 알게 한 좋은 기회였다.

– 권수빈

참고자료

김수현, 「음악에 취한 '통영의 봄'…국제음악제 개막」, SBS 뉴스, 2007. 03. 24.

김승근, 「TIMF, 통영국제음악당을 어떻게 활용할 것인가」, 예술경영웹진, 예술경영지원센터, 2013.

네이버 지식백과, 권영민, 「김약국의 딸들」 줄거리, 한국현대문학대사전, 2004. 02. 25.

박신자, 「예술환경의 변화에 따른 축제적 공간연출의 활성화를 위한 연구 - 도시공간문화 조우와 축제적 공간을 중심으로 -」, 디지털디자인학연구, 한국디지털디자인학회, 2007.

백선혜, 「장소마케팅에서 장소성의 인위적 형성 : 한국과 미국 소도시의 문화예술축제를 사례로」, 서울대학교 대학원 박사학위논문, 2004,

월간 객석, 「통영국제음악당-거대한 변화의 바람」, 월간 객석 2013년 12월 호.

윤성정, 「[주목 이사람] 통영국제음악제 김승근 이사 인터뷰」, 세계일보, 2009. 11. 09.

이홍섭, 「'봄철 미각 여행' 봄바다 먹거리 여행」, 매일신문, 2014. 03. 13.

장원수, [新택리지] 시이자 음악이자 한 폭의 그림 같은 '동양의 나폴리' 통영, 경향신문, 2009. 04. 20.

정희경, 「음악제 성공요인 분석을 통한 통영국제음악제 발전방안 연구」, 상명대학교 예술디자인 대학원 석사학위논문, 2014.

통계청

통영시청

홍다솜, 예술의 도시 통영에서 음악을 만나다, 10th 통영국제음악제, 문화체육관광부 웹기사, 2013. 03. 31.

THEME 2

바다 건너서 들려오는 음악 : 윤이상기념관

현재 '도천테마공원'으로 이름지워진 이곳의 본래 이름은 '윤이상기념공원'이다. 한국인보다 세계인들이 더 잘 알고 있는 윤이상이라는 작곡가, 세계적인 음악가로서의 그를 만나보자. 바다 건너 멀리서 들려오는 그의 음악에 귀를 귀울여보자.

세계 속에 빛나는 동양적 음악 감성

‘윤이상’, 처음엔 너무나 낯선 이름이었다. 통영으로 여행을 떠나기 전까지 그는 까마득한 미지의 존재였다. 그런데 알고 보니 그는 생전에 ‘현존하는 세계 5대 음악가’였으며 ‘사상 최고의 음악가 44인’ 중 한 사람이었다. 비단 나만 윤이상에 대해서 이렇게 무지했을까? 트랜스미디어연구소 프로젝트 이름인 ‘70mk’는 대한민국 국민 100명을 인터뷰했다. 그 중 48명만이 이름을 들어본 적이 있으며 48명 중 28명은 정치적 입장에서의 윤이상을 기억하였다. 음악가로서 윤이상을 기억한 사람은 14명이었으며, 윤이상의 음악을 들어 본 사람은 단 3명뿐이었다고 한다. 이것이 우리의 현실이다.

그는 어떤 사람이었을까? 우리는 왜 그를 기억하지 못하고 우리의 기억속에 담겨 있지 않은 이유는 무엇이었을까? 슬슬 궁금해지기 시작한다. 왜 우리는 통영에서 그를 만나게 되었을까? 통영과 윤이상, 음악가 윤이상과 통영국제음악제, 뭔가 있다. 윤이상, 그가 누구인지, 기념관에서조차 낯설었던 그의 세계를 그를 기록한 자서전, 『상처받은 龍』과 그의 부인, 이수자씨의 글, 『내 남편 윤이상』상·하권을 통해서 살짝 엿보도록 하자. 그는 어떤 음악을 우리에게 들려주었을까? 그의 삶이 우리에게 남긴 메시지는 무엇일까? 우리는 그를 통해 무엇을 생각해 보아야할까? 전세계가 인정하고 호평하는 천재 음악가 윤이상, 우선 그를 만나보자. 여기서는 독일로 유학한 이후 세계 속에서 인정받은 그의 작품들을 중심으로 그의 삶과 음악세계를 살펴보겠다.

동아시아적 감성의 발견과 표현

1956년 새로운 작곡기법과 음악이론을 공부하기 위하여 윤이상은 홀로 유학길에 오른다.

파리에서 메시앙, 욜링베 등 동시대 작곡가들과 어울리기도 하고 토니 오벵에게서 작곡을 배운다. 바이올린 협주곡과 〈제2 현악 4중주〉를 썼고 〈7개의 악기를 위한 음악〉은 독일 다름슈타트에서 초연되었는데 성공적이었다고 한다. 하지만 윤이상은 낯선 곳에서 낯선 음악들 속에서 비로소 그가 가야할 길에 대해서 진지하게 고민하기 시작한다.

> 나는 내가 어디에 서야 하며 어떻게 계속해야 하는 가를 자문해 보지 않을 수 없었어요. 내가 다른 사람들처럼 그렇게 극단적으로 작곡을 해야 하는가, 내가 그렇게 함으로써 전위음악에서 하나의 위치를 확보할 수 있는가, 또는 나의 동아시아적인 음악 전통과의 관계 속에서 어떻게 내 자신의 길을 걸어야 하는가 하고 말이예요. 중대한 결정이었지요.

이후로 윤이상은 유럽에 가서 더욱 절실하게 느끼게 되었을 자신의 이국적 문화, 동양적·동아시아적인 감성들을 서양식 기법 위에 고스란히 담게 된다. 그의 머릿속에는 유전적으로 물려받은 동양적 문화가 음악적 공간으로 완벽하게 구조 지워져 있었고, 총보 위에 자신만의 세계를 그려 나간다. 동아시아적 감성의 세계를 음악적 그림으로 악보 위에 펼쳐나가기 시작한 것이다.

〈바라〉

한국이름으로 불교춤이라는 의미를 담고 있는 〈바라〉라는 작품에 대해서 윤이상은 이렇게 설명하고 있다. 그는 음악을 통해서 종교적인 춤으로서 동양적인 분위기, 개념을 이해하는 것이 중요하다고 하였다.

> 불교사원의 신비하고 명상적인 분위기를 상상하십시오. 그 사원에서는 남승과 여승들이 간구와 기원의 무도 속에서 아주 느린, 극도로 집중되어 있어 긴장된 율동을 통해 점차 황홀경에 이르게 됩니다. 명상적인 정적과 황홀한 긴장, 이 양자를 당신은 오케스트라곡 관현악곡 〈바라〉에서 만날 것입니다.

〈파동〉

흐르는 것이라는 의미의 〈파동〉은 14개의 소리로 된 작품으로 14개의 소리의 어떤 것도 다른 것과 같지 않으며 각 소리는 언제나 자기의 형태를 반복하고 이후 갑자기 모든 것은 넓은 금관악기 화음으로 흘러들어가는 형식이라고 한다. 영원 속의 시간, 무한 속의 공간, 세계의 근본적 정체로서의 운동을 음악적으로 표현한 작품이다.

〈연꽃 속의 보석에 드리는 인사〉

그것은 소프라노, 바리톤, 혼성합창과 대규모 오케스트라를 위한 27분짜리 작품으로서 5악장으로 되어 있지요. 첫 악장은 오케스트라에만 해당이 되며 ,〈연꽃〉이라고 불려요. 2악장은 솔로 소프라노와 오케스트라에 해당되며 〈고타마 질문받다〉이고, 3악장은 오케스트라에만 해당되면서 제목은 〈갈증〉, 4악장은 바리톤 솔로와 오케스트라에 해당되면서 제목은 〈탈자아〉, 5악장은 소프라노, 솔로, 합창, 오케스트라에 해당되며 제목은 〈열반〉이예요. 전체작품에서 소프라노는 학생의 질문소리이고 바리톤은 선생님의 대답소리, 합창은 동의 기원하며 참석하고 있는 '살아있는 존재'의 목소리이지요. 이 음악은 원본에 상응하여서라면 최고의 순수를 표현해야만 해요. 마치 그 음악이 열반에서의 인간의 완전한 해방 중에서 생겨나기나 하듯이 말이지요.

윤이상은 이 작품을 쓰는 동안 무척 기뻐했다고 한다. '나는 이 작품과 더불어 내가 잘 알고 있는 세계에서 살았어요' 라는 말에서 알 수 있는 것처럼 자신이 살아왔고 몸속 깊이 뿌리내리고 있는 고향과도 같은 세계에 대한 음악적인 표현이었던 것이다.

그리고 그는 〈율〉〈피리〉〈노래〉〈가곡〉〈나모〉 등 동양적 감성들이 푹 묻어나는 작품들을 많이 작곡한다. 작품에 이름을 붙임으로써 그가 의도한 것은 작품 각각의 성격을 표시하기 위함이라고 한다. 그리고 이러한 동양적 감성에 대한 이해가 부족한 유럽인 연주자들을 위해 총보에 각각의 성격에 맞는 음악적 특성을 설명해 두기도 하였는데 이는 연주자에게 자신이 의도하는 음향 판타지를 올바른 방향으로 지시하기 위한 것이었다고 한다.

윤이상은 1965년 〈베를린 독일 오페라〉의 감독인 구스타프 루돌프 셀너로부터 동아시아적인 오페라를 요청받는데 그때 그가 선택한 소재는 중국의 14세기 작가, 마치 완이라는 사람의 〈랴오뚱의 꿈〉이었다. 이 작품은 우리나라 고대 설화인 조신설화와 맥락은 비슷하다. 조신이 일장춘몽과도 같은 꿈을 꾼 이후에 불교에 귀의하게 된다는 내용이라면, 이 작품은 하늘의 사자인 칭양이 은자로 나타나 주인공 랴오뚱에게 세속적인 삶의 허무함을 깨닫고 도교로 귀의하라는 내용으로 중국적 도교설화이야기이다. 윤이상은 이 작품에서 한국적 오페라 형식을 서양의 오페라 형식에 접목시키고자 했다. 이 작품은 1966년 베를린 축제기간 중에 예술아카데미에서 공연되었다.

육체적 고통을 음악으로 승화시키다

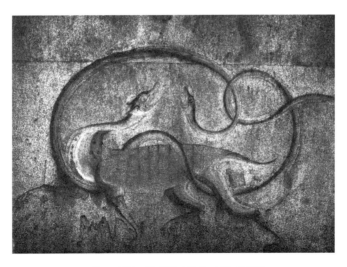

그림 1. 평양고분 벽화 〈사신도〉중 북현무

루이제 린저의 윤이상에 대한 자서전적인 작품인『상처받은 용』의 책 표지에도 있는 〈사신도〉중 북현무 사진이다. 그에게 잊을 수 없는 강렬한 영감을 불러일킨 만큼 지울 수 없는 상처를 입게 된 작품이기도 하다. 1963년 윤이상은 〈사신도〉를 보기 위해서 북한을 방문하는데 이후 이 일로 북한간첩으로 오인당하는 '동배를린 공작단 사건'에 연루되어 1967년 6월 한국으로 납치 및 감금, 사형을 선고받게 된다. 거짓 자백을 유인하는 모진 고문과 감금 상태에서 한때 괴로움으로 당시 그가 쥘 수 있었던 유일한 무게의 재떨이로 머리를 찧는 자살을 시도하기도 한다. 예술가에게 있어서 더할 수 없는 모욕과 생명의 소멸이라는 극한 경험을 한 것이다. 그러나 그는 그 안에서 다시금 생명의 희망을 느끼며 차가운 감옥 바닥에 엎드려 작품 활동을 계속한다. 그때 완성한 작품이 〈Images〉와 〈나비의 이방인〉이다.

〈Images〉 이 작품에 대해서 북한의 윤이상음악연구소 박정남이 발표한 논문이 있다.

우리 민족이 낳은 천재적인 작곡가 윤이상은 '사신도'에 구현된 일원성과 다원성의 결합을 자기의 작품 〈영상〉에서 음악적으로 훌륭히 구현하는 새로운 경지를 개척하였다. 그것은 무엇보다 〈영상〉의 악기 배당과 활용에서 찾아볼 수 있다.

'음양오행설'에서 산생된 '팔괘설'에 의하면 동쪽에는 죽(竹) 목관악기가, 서쪽에는 금(金) 즉 쇠붙이로 만든 악기가 남쪽에는 사(絲) 즉 현악기가, 북쪽에는 혁(革)즉 막질타악기가 해당된다.

이에 따라 〈영상〉에서는 동쪽의 청룡에 해당하는 목관악기인

오보에를, 그리고 남쪽의 주작엔 현악기인 바이올린을 배당하였다. 그러나 북쪽의 현무와 서쪽의 백호에는 앙상블의 특성을 고려하여 플루트와 첼로를 배당함으로써 현대 서양악기의 앙상블에 '음양오행설'을 창조적으로 구현하고있을 뿐 아니라 그 활용에서도 음양철학의 원리를 구현하고 있다.

1500년동안 어둠속에서 묻혀 있었던 그 무덤 안 벽화에서 윤이상을 가장 사로잡은 것은 '유연한 선 처리의 우아함'이라고 한다. 네 마리가 모두 하나를 포함하고 있는데 그 그림 앞에 오랫동안 서 있으면 네 개가 하나로, 하나가 네 개로, 각각의 동물은 움직이기 시작하고 현란하게 모습을 나타내는데 백호, 불사조, 거북, 용의 움직임들이 완전한 조화 안에서 일어나며 이 조화가 완전한 긴장감을 나타낸다고 하였다. 그는 이 현란한 움직임을 그의 음악속에서 각각의 악기로 구성하여 그가 느낀 음악적 환타지를 표현하였다.

〈나비의 미망인〉 역시 1968년 그가 감옥에 있는 동안 완성한 작품이다. 사형수에서 무기징역으로 다시 삶으로 돌아오기까지 그에게 가장 강력한 삶의 의지를 일으켜 주었을 장자이야기가 새롭게 각색된 오페라 희극이다.

백년 동안의 빛과 어둠은
나비꿈과 같아라…

라는 합창곡으로 시작하는 이 오페라는 중국의 오래된 현인 노자와 장자가 함께 등장하여 나비꿈에 대해서 토론하며 도(道)의 세계와 현실에서 벗어나 자유인이 되는 길을 꿈꾼다. 작품 속 현실에서 장자는 아내가 있는데 질투와 사랑 등 새로운 그로테스크한 스토리 전개로 자유를 꿈꾸는 장자는 당당하게 현실을 떠날 수 있게 된다.

오랜 문화적 관념이 담긴 장자이야기와 하랄트 쿤츠의 새로운 각색, 동아시아적인 삶의 관조와 명상이 돋보이는 이 작품은 감옥에서 하루하루 절망적으로 살아가던 그를 죽음의 절망에서부터 구원하였을 것이다. 감방이라는 차가운 바닥 위에 악보를 펼쳐두고 무릎 구부리고 엎드린 채로 한 음 한 음 그려간 것은 아마도 새롭게 솟아나는 삶의 의지이었을 것이다. 도(道)와 자유라는 새로운 음악적 세계 속에 머물면서 모든 고통과 절망을 잊을 수 있었을 것이다. 그의 오랜 친구이자 그의 삶을 담은 책을 쓴 루이제 린저는 윤이상에게 이렇게 말한다.

> 당신을 충동질한 가장 근본적인 동기, 즉 <나비의 꿈>에 대한 오페라를 쓰겠다는 원래의 동기는 당신의 외적인 속박을 꿈으로 여기고 싶어하는 때문이었습니다. 당신은 참된 죽음처럼 진지한 방법으로 당신의 오페라 희가극에서 장자와 같은 동일한 자리를 찾았다고 말할 수 있습니다. 이 오페라에 몰두하면서 당신은 자기 자신의 정신을 자유롭게 해방시켰으며, 사실은 결국은 석방되었어요

완성된 작품은 부인을 통해 전달되어 1969년 2월 23일 뉘른베르크에서 <나비의 미망인>이라는 제목으로 초연되고 큰 호평을 받았다.

윤이상의 구속과 수감에 대해서 유럽의 음악인 200여 명은 대

한민국 정부에 공동 탄원서를 내고 항의하였다. 이후 여러 곳에서 그의 구형에 대해 항의하면서 그는 재심, 삼심에서 감형을 받고 1969년 마침내 대통령 특사로 석방된다. 국가반역, 간첩이라는 정치적 조작극에 대해 모두 지난 밤 나비의 꿈처럼 여기며 그는 다시 그의 자유를 되찾는다.

평화와 통일을 기원하며
— 미학 추구에서 인간성 탐구로의 음악적 변화

특사로 풀려난 이후 육체적 정신적 상처가 치유되어 가면서 윤이상은 점차 적극적인 사회 참여적인 의사를 음악을 통해 밝히고자 한다.

윤이상의 음악을 사랑했던 에카르트 박사가 윤이상이 세상을 떠난 후 쓴 글에 담긴 윤이상의 육성이다.

작곡가는 비단 예술가일뿐만 아니라 동시에 세계 속의 한 인간입니다. 나는 결코 나의 세계를 무관심하게 관찰할 수 없습니다. 세상에는 인간적인 고통, 억압, 고난과 부당함이 동시에 존재합니다. 이 모든 것이 내 생각 속에 들어옵니다. 고통이 있고 부당함이 있는 곳에 나는 음악을 통해 더불어 얘기하고자 합니다…

나의 음악이 우리 민족 속에 오래 흘러오는 선적인 미를 탐구한지 약 15년 만인 1975년경부터는 나는 나의 정신상에 오래 맺혀 있던 '인간성의 탐구'로 전진했다. 나는 그때 서유럽의 어느 작곡자보다도 앞장서서 그 작업을 시작한 것이다. 그래서 이 '인간성'에의 호소와 접근은 먼저 계속된 '협주곡'으로 자리를 굳혔다. 첼로협주곡, 이중협주곡, 플루트협주곡 등이 이 범주에 속한다.

교향시곡 「광주여 영원히!」

이 작품은 1980년 5월 군사정권의 광주 시민들에 대한 무차별 공격에 대한 분노로 쓰여진 곡이다. 윤이상은 그때 마침 서독 방송국으로부터 대관현악곡 요청을 받은 터였는데, 그 사건에 대한 분노를 전시적인 표제음악으로 표현했다. 작품은 궐기와 학살, 진혼, 재행진, 세부분으로 되어 있으며 1981년 서독 쾰른시에서 처음 연주되었다.

교성곡 「나의 땅 나의 민족이여」

이 곡은 1987년 10월 5일 평양에서 초연되었다. 평양에 있는 윤이상음악연구소 5층, 윤이상박물관에 그가 초연 때 쓴 말이 씌여 있다.

> 나는 이 교성곡을 1987년 2월과 3월, 2개월 동안 완성하였다. 언제가 나는 한번 민족을 위한, 우리 민족의 가슴에 영원히 안겨주는 곡을 쓰고 싶었다. 「광주여 영원히」와 함께 나는 작곡가로서 우리 민족에게 바치는 나의 절절한 호소와 충정을 표시한 것이다.

윤이상은 이 곡을 쓰기 위해 역대의 군사독재정권하에 투옥되어 고생한 시인들의 시집 48권을 구해서 읽었다고 한다. 거기서 시를 뽑아내어 긴 장시를 엮었으며 그 장시에 곡을 붙여 4악장에 이르는 독창, 합창을 가진 교성곡을 썼다.

교향곡 1번

이 곡은 핵전쟁으로 인한 인류의 파괴에 대한 경고를 담은 것으로 1984년 5월 베를린 필하모니 교향악단에 의하여 초연되었다. 첫 악장은 대종말을 의미하며 두 번째 악장은 아름답고 훌륭하게 이룩된 인류문명에 대한 환상이다. 세 번째 악장은 지하에서 악마들이 인류문명의 파괴를 기뻐하며 춤을 추며 네 번째 악장은 또다른 경고로서 음향언어적으로 아주 강한 부분이다.

윤이상은 음악적 정의를 외치며 민족의 화합과 통일 뿐만 아니라 전세계적인 평화까지도 망라하며 작품활동을 지속한다. 비록 고국으로 돌아올 수 없는 현실적 아픔 아래서도 늘 민족을 생각하고 평화를 노래하는 작품을 썼다. 불의와 탄압에 신음하는 민족을 걱정하고 아픔을 함께 나누며 음악정신으로 화합을 이루려고 노력하였다. 범민족통일연합회의 활동은 그러한 그의 노력과 노력의 결실이 이루어낸 성과였다.

> 나의 음악은 역사적으로는 나의 조국(민족)의 모든 예술적 철학적 미학적 전통에서 생겼고, 사회적으로는 나의 조국의 불행한 운명과 민족 민권 질서의 파괴, 국가권력의 횡포에 자극을 받아 음악이 가져야할 격조와 순도의 한계 안에서 가능한 한 최대의 표현적 언어를 구사하려고 노력한 것이다... 음악은 구체적으로 말을 하지 않지만 듣는 사람으로 하여금 그 상상력을 불러일으키는 데에 강한 힘이 있는 것이다.

통영을 품고
세계에 노래하다

통영은 문화적 전통성과 잠재력을 가진 도시다. 통영은 시인 유치환과 김춘수의 고향이며, 통영 출신 소설가 박경리의 작품 속에서는 정취가 살아 숨 쉬고, 한국이 낳은 세계적인 작곡가 윤이상이 평생 그리워한 바다를 품고 있는 곳이다. 윤이상을 기리기 위해 시작된 통영국제음악제는 통영을 세계 속의 음악도시로 발돋움 시켰다. 이러한 성과는 윤이상의 고향이라는 음악사적 배경과 한려해상국립공원 중심부에 펼쳐진 수려한 자연경관의 잠재적 발전 가능성을 단적으로 보여준다.

통영은 통제영의 줄임말이다. 통제영은 충청·전라·경상도의 삼도수군을 통괄하는 통제사가 있는 본진을 말하는 것이다. 임진왜란 당시 이순신의 한산 진영을 시작으로 1605년에 세병관, 백화당, 정해전 등을 지어 300여 년간 조선 수군의 군사적 요충지로서 번성했다. 이는 문화적인 발전을 도왔는데 통영 아전을 중심으로 오광대놀이, 통영사또놀이, 두레풍물 등이 활발히 전개되었다. 특히 통제영의 부속 건물 중 하나였던 취고수청(吹鼓手廳)은 취청이라 하는데 병사들의 기상과 취사, 점호 등을 알려주는 군악대가 있던 곳이다. 그들은 통제영으로 출퇴근 하였으며 퇴근 후 민간에서 활동했다. 또 통영은 경상남도에서 가장 먼저 양악을 확립하는 등 문화와 음악이 축적된 도시였다. 이는 윤이상이 통영 안에서 다양한 문화경험을 할 수 있는 밑거름이 되었다.

윤이상은 경남 산청에서 태어나 세 살에 통영으로 이주해서 성장했다. 통영은 윤이상의 선조들이 대대로 터를 잡고 살았던 땅이다. 그의 선조들은 통영에서 세병관을 짓는데 일조하여 표판에 이름이 새겨지기도 하고, 수군 장교로 통제영에 복무하기도 했다. 그의 출생지가 산청이라 할지라도 통영은 그의 뿌리이며 그를 키운 고향이었다.

> "어느 날 은퇴해 고향으로 돌아가 그저 조용한 바닷가에 앉아 물고기를 낚고 마음속으로 음악을 들으면서 위대한 고요함 속에 내 몸을 뉘였으면 합니다. 또 나는 그 땅에 묻히고 싶습니다. 내 고향 땅의 온기 속에 말입니다."
>
> - 루이제 린저 〈상처입은 용 中〉

    독일 베를린에 있는 그의 집은 작은 한국과도 같다. 마당에는 한반도 모양의 작은 연못이 있고 거실에는 통영의 명물 소목장과 고향의 정취가 풍기는 공예품들이 늘어서 있다. 그의 침실 머리맡에는 1960년대 후반 서호에서 강구안 까지 통영의 전경이 담긴 사진이 걸려 있었다. 유년의 기억이 고스란히 담긴 사진인 것이다. 그의 집 현관에는 한반도가, 거실에는 통영으로, 침실에 들어서면 고향집으로 들어서게 한 것이다. 그의 조국과 고향에 대한 그리움은 한없

63

이 깊은 것이었다.

윤이상의 아버지는 그와 함께 밤에 나가 바다낚시를 하기도 했다. 어린 이상은 배 안에서 말없이 앉아 고기가 뛰어오르는 소리와 또 다른 낚시꾼들의 노랫소리에 귀를 기울였다. 바다는 거대한 울림판이 되었고 하늘에는 별이 가득했다. 그의 아버지는 그가 혼자 물고기를 잡으러 가는 것을 반대했지만 그는 5킬로미터를 달려 절벽 아래에 내려가 물고기를 잡았다. 하지만 그에게 정작 중요한 것은 별이 떨어지고 파도가 치는 곳에 홀로 앉아 있는 것이었다. 통영에 대한 그의 추억은 청각적인 것과 연관된다. 봄에 들판의 개구리 소리는 그에게는 정교하게 작곡된 합창이었으며 부인네들의 오래된 민요는 아름다운 오페라였다.

어릴 적 윤이상은 유랑극단을 따라 음악을 들었다. 그들은 대한제국 말까지 궁정에서 연주하던 사람들로 역사적 사건으로 인해 일자리를 잃은 후 돈을 벌기 위해 유랑해야 했다. 천막을 세우고 석유램프에 횃불을 밝히면 극단은 옛 가극을 상연했는데 〈심청전〉 등이 상연되었다. 윤이상은 후에 그것이 1972년 뮌헨 오페라의 소재가 되었다고 말한다.

통영의 노천극장은 오광대(五廣大) 상연을 했는데 다섯 광대가 탈을 쓰고 춤추며, 양반과 하급계층, 하급계층과 포졸들의 갈등을 다룬 내용이었다. 이 놀이는 가면극과 마찬가지로 춤이 주가 되고 몸짓과 대사, 노래가 따르는 일종의 음악극으로 반주는 꽹과리가 주도하여 장구와 북 등 타악기를 많이 사용하는 것이 특색이다. 가면극은 연희자(演戲者)들의 일정한 조직체였으며 그들은 모두 평일에 정규 직업을 가지고 있었다. 어린 시절 윤이상은 한국적인 전통예술에서 강한 음악적인 인상을 받았다. 그의 작품 속에서 음악적으로 표현한 경험은 모두 어린 시절에 들었던 음악 속에서 찾을 수 있다.

그의 1971년 작품 〈나모(Namo)〉에서 그가 겪은 어린 시절 청각적인 인상들의 흔적을 찾을 수 있다. 통영은 바다를 생활의 터로 잡는 사람이 많아 익사한 선원이나 어부들을 보낼 때 무당을 불렀다. 윤이상을 매혹시킨 것은 그들의 슬픈 사연이 아니었다. 무당들의 화려한 옷과 작은 무대 장치들, 단순한 리듬 아래 즉흥적으로 만들어지는 음악과 몇 시간이고 지속되는 서사적인 노래였다. 무당은 무아와 황홀의 상태에 이를 때까지 노래를 더해갔다.

그가 어렸을 때 들었던 청각적인 추억은 그의 작품에 그대로 녹아들어 있다. 밤바다에서 나직이 들리는 어부들의 노래와 개구리의 합창, 여인네들의 민요 등은 윤이상 음악의 한 부분을 차지하며 소리의 대상에 새로운 의미와 해석을 부여하여 음악이라는 개념으로 우리에게 전달한다.

윤이상은 살아 있을 때 세계 음악계에서 '현존하는 세계 5대 작곡가'로 인정받았고 뉴욕 브루클린 음대에서 선정한 '사상 최고의 음악가 44인' 중 한 사람이었다. 그 중 20세기 작곡가는 윤이상과 함께 4인 뿐이었다. 그만큼 명성 있는 작곡가였으며, 통영은 윤이상을 전면에 내세워 통영국제음악제를 세계적인 음악제로 키우려 한다. 이를 바탕으로 통영은 세계 10대 음악도시 지정을 목표로 하고 있다.

그럼에도 통영은 윤이상을 전면에 내세우지 못하고 있다. 원래 윤이상국제음악제로 기획되었던 음악제는 통영국제음악제가 되었고 윤이상 선생을 기리는 기념관과 공원은 '도천테마파크'가 되었다. 그보다 더한 것은 윤이상 생가터를 없애고 그 위에 도로를 내려하고 있다. 우리 사회는 친일과 독재, 반공에 민감하다. 윤이상은 생전에 동백림 사건으로 옥살이를 했으나 후일 국가에 의해 무죄임이 입증됐다. 친북 논란으로 음악제에 이름도 올리지 못했지만 일부의 왜곡과 오해에서 비롯된 부정적인 시선을 의식해 윤이상을 지우려 해서는 안 된다.

노벨문학상 수상자 존 스타인벡은 살아있을 때 사회주의자로 낙인찍혀 지역사회에서 배제되다시피 했다. 그러나 현재 지역의 핵심 인물이 되었다. 외국에서는 어떤 분야에서 공로를 세운 인물을 전면에 내세울 때 잘못을 감추고 일방적으로 미화하려 하기 보다는 작품이나 업적에 초점을 두고 그의 생애를 여과 없이 알린다. 인물에 대한 판단을 개인에게 맡기는 것이다. 지역문화마케팅 전문가 이한호 대표이사는 유명 인사를 활용한 지역 마케팅의 성공법칙으로 "완벽한 인물이기 때문에 브랜드가 되는 것이 아니다. 사람들이 공감할 수 있는 이미지를 끌어내고 이미지를 만들어 내는 것이 지역 브랜드의 시작이며 이웃의 공감을 얻지 못하면 결코 성공할 수 없다"고 했다.

윤이상에게 논란이 있다면 통영은 정면으로 맞서야 한다. 세상에 완벽한 인간은 있을 수 없으며 그를 보는 시각도 같을 수 없다. 현대 사람들에게 공감을 줄 수 있으며 매력 있는 모습을 발굴할 때 윤이상을 주제로 한 음악도시 통영은 더 매력 있는 브랜드가 될 것이다.

통영국제음악제와 윤이상의 삶

2014년 3월 28일, 통영국제음악제(Tongyeong International Music Festival·TIMF)가 개막했다. 작곡가 윤이상으로부터 시작한 통영국제음악제는 올해로 13회를 맞이했다. 이번 음악제의 첫 곡은 윤이상의 '유동(1964)'. 알렉산더 리브라이히의 지휘아래 관악기의 깊고 무거운 음이 음악당을 메웠다. 감정을 배제한 전위적이고 실험적인 음악은 음산하고 불길한 기운을 뿜었다. 이번 음악제의 주제가 바다의 절경을 담은 '시스케이프(Seascapes·바다경치)'라면 개막곡으로 선정된 윤이상의 '유동'은 태풍이 몰아치기 전 삼엄하고 어두운 바다를 닮았다. 아마도 지금 살펴보게 될 윤이상의 일생이 그와 닮지 않았을까.

'유동'은 윤이상이 사신도에 영감을 받아 작곡한 곡이다. 4방위를 맡은 신을 그린 사신도는 우주의 질서를 수호하는 상징적 동물로 민족의 철학과 염원을 담았다. 그는 사신도를 보기 위해 1963년 북한의 강서고분을 방문한다. 그가 방문했을 때 사신도는 컴컴한 터널을 지나 유리도 없이 바로 사신도를 볼 수 있었는데 그는 어둠

속에서 적, 백, 청, 황의 색채가 지금 막 칠한 것처럼 생생했다고 전한다. 그는 그곳에서 조화를 배웠다. 부분은 전체이고 전체는 제각각이었다. 네 개의 방위가 모였을 때 하나의 세계가 되는 것이다. 그것은 균형과 조화를 말하며 긴장으로 충만했다. 그 후 강서고분의 사신도와 그는 뗄 수 없는 관계가 되었다. 사신도는 동백림 사건의 시작과 끝이며 그의 동양적이고 조화로운 예술적 영감의 기초이다.

1967년 6.8 총선을 앞두고 중앙정보부는 '동백림(동베를린) 사건'을 발표한다. 서독, 프랑스, 영국 등 유럽에 공부하러 간 유학생과 현지 한인들이 북한 대사관과 평양을 드나들며 간첩 교육을 받고 국내 인물들과 공조해 대남적화활동을 벌였다는 것이다. 혐의자 중 윤이상이 포함되어 있었고 남북의 긴장이 극에 치달아 있던 당시 간첩사건 만큼 주목을 받는 사건도 없었다. 윤이상은 간첩으로 몰려 사형을 선고받고 서울구치소에 갇혔다.

그는 수감 되어있는 동안 희곡 오페라《나비의 꿈》을 썼다. 이 작품은 부인을 통해 독일에 전달되어 69년 2월 뉘른베르크에서《나비의 미망인》이라는 제목으로 초연되어 큰 호평을 받았다. 이에 유럽 음악인들이 대한민국 정부에 탄원서를 제출하여 윤이상 수감에 대해 항의했고 69년 대통령 특사로 석방되었다. 그 후 서독으로 국적을 옮겼으며 다시는 대한민국에서 그와 그의 음악을 들을 수 없었다.

이 사건으로 무려 200여명이 체포되고 서독과 프랑스 정부의 공식항의가 빗발치는 등 국제적 망신을 치렀다. 그러나 검찰이 간첩죄나 간첩미수죄를 적용한 것은 23명에 불과했고 최종심에서 간첩죄가 인정된 사람은 1명도 없었다. 이 결과는 동백림 사건 수사가 강제연행과 고문에 의해 이뤄졌음을 말하며 2006년 '국정원 과거사

진실규명을 통한 발전위원회'는 당시 정부가 국가 보안법과 간첩죄를 무리하게 적용하여 범죄 사실을 확대·과장했다고 밝혔다.

1969년 독일로 돌아간 그는 오페라 '심청'을 작곡한다. '심청'은 33번의 공연을 하는 등 호평을 받았고 1973년 박정희 정권은 국립극장 개관 무대에 '심청'을 올려 달라고 부탁하였다. 그는 "원한보다 망향의 정, 고국에 대한 그리움이 컸습니다"라며 부탁을 수락한다. 그러나 김대중 납치사건으로 인해 귀향을 포기하게 된다.

1982년부터 대한민국에서 그의 음악이 해금되어 연주할 수 있게 되었다. 1994년 9월 서울·부산·광주 등지에서 윤이상 음악축제가 열렸다. 당시 김영삼 정부는 축제에 참여하려는 윤이상의 귀향을 허락할 것 같았다. 그러나 그들은 30년 전 박정희 정권의 조작된 범죄를 인정하라는 반성문을 쓰라고 했다. 고향에 돌아올 꿈으로 '돌아가면 고국의 흙에 입맞추리라' 했던 선생에게는 절망적인 사건이었을 것이다. 결국 정부와 갈등을 겪은 후 윤이상은 건강이 악화되어 입원했다. 이듬해 1995년 11월 3일 오후 4시 20분 독일 베를린 발트병원에서 폐렴으로 별세하였다.

"나의 음악은 역사적으로는 나의 조국의 모든 예술적, 철학적, 미학적 전통에서 생겼고, 사회적으로는 나의 조국의 불행한 운명과 민족, 민권 질서의 파괴, 국가권력의 횡포에 자극을 받아, 음악이 가져야 할 격조와 순도의 한계 안에서 가능한 최대의 표현적 언어를 구사하려 노력한 것입니다."

윤이상은 동서양 음악의 조합을 통해 독특한 음악세계를 펼친 세계적인 작곡가다. 특히 동양 음악에 대한 서구적인 해석은 현대

음악계의 신선한 충격으로 받아들여지고 있다. 어느 누구보다 드라마틱한 삶을 살았던 이 예술가의 인생은 우리에게 커다란 감동을 준다. 그의 음악에 대한 사랑, 고향에 대한 그리움, 인생의 역경은 우리로 하여금 윤이상에 대해 다시 한 번 생각하게 해준다.

기념관 건립의 어려움

건립초기 진의장 통영시장이 세계적인 음악가인 윤이상 선생을 콘텐츠로 윤이상 기념공원을 계획하였다. 그래서 윤이상의 생가터가 있던 통영시 도천동 148번지 일대를 대상지로 선정하여 건립을 추진한다.

그러나 도천동에 기념관과 기념공원을 만드는 데에 주민들의 반응이 호의적이었던 것은 아니었다. 때문에 많은 반대에 부딪혀 공사기간이 오래 걸렸다. 도천동 148번지 일대는 하수관의 노후화로 인해서 여름 장마철에는 상습침수가 일어나서 슬럼화가 진행되었었다.

"비가 조금만 와도 물난리가 납니다. 근데 대규모 공원을 세우면서 주변 하수관로 계획이 없다니 말이 됩니까. 이 동네 주민 다 죽으라는 소립니다"
(도천동 새미골 6길 주민 A씨)

"상습침수지구인 집보다 공원이 50cm이상 높게 부지가 정리돼 하수 뿐 아니라 빗물이 역류될 게 뻔합니다. 당장 봄부터 걱정입니다. 무슨 행정이 이렇습니까"

(도천동 주민 B씨)

[도천테마 주변 "상습침수" 주민 발동동 : 한산신문 2002. 01. 11. 주민 인터뷰]

4년간 타당성 조사 및 공유재산관리 계획 승인, 지장물 철거, 추가부지 보상비 확보, 보상협의 등의 과정을 거쳐 사업대상지를 확보했다. 또한 2003년부터 도시미관 개선사업과 윤이상 기념공원 조성사업에 초점을 맞추어 상습침체와 슬럼화를 해결하려는 시도가 있었다.

하지만 설계계획에 공원 부지를 50cm이상 높게 조성하고 오·하수 관로와 주변 메인 과로와의 연결 계획이 전무하고 예산편성도 없는 상태였다. 이에 그 발표를 들은 주민들이 반발하며 상습침수 요인을 제거한 후 공원을 조성해줄 것을 주장했지만 담당부서는 예산부족을 이유로 수용을 거부했다. 이에 주민들의 주민대책위가 구성되었고 시민단체들의 반발도 확산되었다. 따라서 공원의 설계계획 및 규모가 변경되면서 사업비 조달문제와 담당공무원이 교체되었다. 그래서 첫 설계 의뢰를 맡겼던 미국 건축가 프랭크 게리에서 한국 건축가 민현식으로 변경되는 일이 생긴다. 이후 시와 협의하여 공원부지 내 자체 배수시설 마련 및 공원 뒤편 복개천과 연결시켜 침수 문제를 완전히 해결하게 된다. 장기화되었던 기념공원 건립은 이렇게 해서 2010년에 완공되게 된다.

그림 2. 조 감 도

윤이상기념공원의 공간구성적 특징

공간 구성의 시작은 어느 곳에, 어떻게, 왜, 어떤 방식으로 공간을 만들 것인가에 있다. 공간의 위치는 공간의 성격, 공간의 이미지, 공간의 형태를 좌우하게 되며, 공간이 가지고 있는 위치를 알게 되면 공간의 가치성과 정체성을 알 수 있다.

통영시 도천동에 건립된 윤이상기념관은 통영국제 음악제 사무실(옛 통영군청)에서 직선 거리로 150m 정도 걸어가면 도천사거리에 조성되어 있다. 윤이상기념관은 서호시장 뒤, 윤이상 생가터에 자리 잡고 있다. 윤이상을 기리기 위한 설립취지에 따라 윤이상 생가터와 그 일대를 아울러 기념공원을 조성한 것이다. 하지만 현재 윤이상기념관과 기념공원은 도천테마공원이라는 이름으로 바뀌어 있는데 이는 윤이상이 정치범으로 몰렸던 사실 때문에 주민들의 반대로 윤이상 기념공원이라는 이름 대신 도천테마공원으로 자리 잡게 되었다.

"서호시장 뒤편, 도천동 윤이상 생가터에 윤이상기념관이 있습니다. 그런데 밖에서는 윤이상기념관이란 사실을 알기가 쉽지 않습니다. 건물 외부에는 기념관 간판이 없기 때문입니다. 공원 입구 표지석에는 도천테마파크란 이름만 눈에 띨 뿐이지요. 도천테마파크는 원래 윤이상 기념공원으로 계획되었었는데 색안경을 끼고 보는 일부 사람들의 반대로 이름이 바뀌게 된 것입니다. 윤이상은 동백림 사건으로 간첩 누명을 쓰고 투옥생활을 했지만 후일 고문에 의해 조작됐다는 사실이 밝혀져 누명을 벗었습니다. 그럼에도 아직껏 근거 없는 주장으로 선생을 비난하고 욕되게 하는 이들이 있으니 안타까운 일입니다."

그림 3. 윤이상기념관 위치

프레시안의 기사자료를 통해 윤이상기념관이 설립된 당시의 배경을 알 수 있다. 윤이상기념관은 통영시내에서 서쪽으로 떨어진 서호시장 뒤편에 위치해 있다. 윤이상이 생전 통영에 있을 당시 살았던 생가터에 자리 잡고 있어 윤이상이라는 인물을 기리기 위한 기념관으로서의 정체성을 위치에서도 느낄 수 있다. 하지만 통영시내 중심에 있지 않아 교통이나 접근성이 좋은 편은 아니다. 위치적으로 보았을 때, 윤이상기념관은 교통의 편리를 위해 접근성을 높이는 대신 윤이상이라는 인물을 잘 담고 있는 위치에 건물을 건립하고자 했던 의도를 엿볼 수 있다.

건축가, 민현식

윤이상기념관을 설계한 민현식이라는 건축가는 통영 출신으로 다양한 건축활동을 한 인물이다. 윤이상기념관이 설립될 당시 많은 우여곡절이 있었는데 바로 기본 설계를 세 번이나 번복한 일이 있었다. 당시 통영시장은 윤이상기념관을 건립하기 위해 건축 자문을 받았으나 윤이상의 정체성, 윤이상의 사상, 윤이상의 음악을 잘 표현한 공간을 만들고자 최종적으로 민현식의 건축안을 채택하였다. 민현식을 이해하기 위해서는 현상학적 미학, 불확정적 공간으로서의 마당, 건축적 랜드 스케이프, 비움의 구축과 같은 주요 화두를 알아야 한다.

그의 건축적 관심은 도시의 문제로 확장되어, 파주 출판도시, 아시아문화중심도시 광주의 계획 디자인 등 여러 도시계획과 도시 디자인에 참여하였다. 항상 논쟁의 중심에 있었던 그의 작업과 건축에 대한 생각들은 한국 현대 건축과 도시의 문제에 있어 중요한 전환점이 되었다. 무엇보다도 그의 작업의 중심에는 한국의 전통사상에서 기인한 비움의 구축이라는 화두가 자리한다.

민현식의 건축 사상에서 공간의 비움이라는 키워드가 중요하다고 했는데 이는 윤이상의 음악적 감성을 표현하는데 탁월했다. 음악은 빈 공간에서 더욱 울림이 커지고 그 빈 공간에서 음악의 의미를 찾을 수 있다고 생각된다.

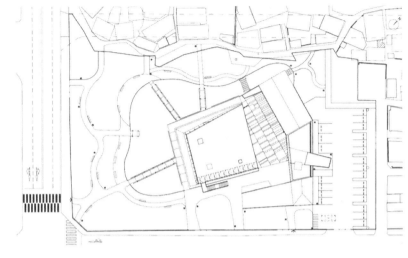

그림 4. 설 계 도

윤이상기념관의 공간적 특징

아리스토텔레스는 '공간이란 모든 장소의 총화, 즉 방향과 정성적인 특성을 갖춘 동적인 장(field)이다' 라고 하였고, 루이스 칸은 '건축을 새롭게 만들어 낸다는 것은 공간개념의 변화에서 생긴다' 라고하였다. 공간은 물을 담는 그릇과 같다. 그리고 공간의 표현 속에는공간을 만들고자 하는 건축가의 사상과 생각이 반영되어 있다.

윤이상기념관은 윤이상의 생가 옆 6745m 부지에 조성한 '도천테마공원' 으로 윤이상 선생의 음악세계를 조명할 수 있는 지상 2층연면적 867.5m 규모의 기념전시관과 소공연장이 있다. 윤이상기념관은 작은 규모의 기념관으로 주변 건물들과 유리되지 않고 잘 스며들 수 있게 계획되었다. 넘치지도 않고 너무 모자라지도 않은 기념관은 자연스럽게 통영주민들이 몰려들어 휴식을 취하고 음악을즐기는 공간으로 만들어지게 되었다. 민현식의 건축 사상으로서의공간의 비움, 현상학적 미학, 불확정적인 마당과 같은 개념들이 윤

76

이상기념관에 잘 녹아 들어있다. 넓은 야외 공원은 한국의 마당과 같은 역할을 하여 자연스럽게 마을과 연계되고 1층 공간의 야외공간과 건축공간으로 이동하는 매개공간으로서 적절히 비워진 공간으로 구성되었다. 주차공간을 기념관의 동쪽에 둠으로써 경관을 해치지 않아 아름다운 공원과 기념관 앞의 인공 연못, 기념관 외벽에 사용된 돌과 나무 마감재의 어울림 등이 공간을 더욱 돋보이게 만든다.

표 1. 윤이상 기념공원 개요

구분	내용	
유형	기념관 및 공원	
부지면적	6437m²	
건축규모	연면적 약 867.5m²/지상2층/지하1층	
주요시설	옥내	갤러리, 전시관, 카페 등
	옥외	호수, 정원, 야외공연장 등
개방	am9:00 ~ pm6:00 매주 木 휴무	
비고	무료개방, 주차장(30대)	

표 2. 윤이상 기념공원 주요시설 개요

구분	내용
전시실	윤이상 관련 유물
에스파체	카페와 기념품샵 등 복합적 공간
메모리홀	140석 규모의 각종 공연과 세미나 등을 위한 실내공간 피아노, 프로젝터, 스크린, 무선인터넷, 기본 조명 및 음향 시설 구비
경사광장	600석 규모의 야외공연 및 행사 등을 위한 야외행사장

공간에서 소통하기

윤이상기념관에서 가장 눈에 띄는 곳은 메모리홀과 야외공연장이다. 추모의 의미를 담고 있는 기념관에 작은 소공연장과 야외공연장이 마련되어 있다. 이는 윤이상의 음악적 열정을 통영의 젊은이들도 함께 공유했으면 하는 건축가 민현식의 마음이 담겨 있다. 대부분의 기념관은 기념을 하는 인물의 유품을 전시하고 영상이나 기타 매체를 통해 그의 약력을 전달하는 것에 관심이 있고 그의 음악을 느끼게 하고 음악을 전달하는 것에 관심이 없어 보인다. 하지만 윤이상기념관은 메모리홀과 야외공연장을 만듦으로 해서 윤이상을 영원히 기억하고 윤이상과 같이 되기 위해 꿈꾸는 젊은이들의 새로운 음악 창조공간으로서의 역할을 하고 있다.

그림 5. 메모리홀 관객석   그림 6. 메모리홀 무대

윤이상기념관의 콘텐츠

콘텐츠는 '내용물' 이라는 뜻으로, 미디어의 발전과 함께 미디어를 활용하여 어떤 콘텐츠를 만들어 낼 것인가가 오늘날의 중요한 화두가 되고 있다. 어떻게 보면 공간이 아무리 훌륭하다 하더라도 내용물이 부실하다면 그 공간의 존재가치는 떨어질 수밖에 없다. '무엇을 담고 있느냐'에 따라 성격과 역할이 부여되기 때문이다. 윤이상기념관은 윤이상을 기념하고 추모하는 공간으로서 콘텐츠도 윤이상

의 유품과 그의 음악, 그의 생애를 다루는 콘텐츠로 구성되어 있다.

그림 7. 윤이상 흉상과 관련 소장품

이 흉상은 윤이상 평화재단에서 평양 윤이상 연구소에 복제 의뢰를 해서 기념관으로 들어오게 되었다. 북한에서 기증했다는 사실로 인해 오랫동안 통영시 창고에 방치되어 있던 이 흉상은 2010년 기념관이 건립되면서 전시실 제일 첫 번째 전시품으로서 관람객들을 맞이하게 되었다. 윤이상 흉상은 2005년 북한 평양에서 열린 평양 윤이상음악제에서 발견되었고 현재 복원·복제되어 윤이상기념관에 오게 된 것이다.

"이때 진의장 통영시장을 비롯 당시 정동배 시의회의장, 이용민 통영국제음악제 사무국장, MBC 사장 등이 윤이상 연구소 입구에 전시된 이 흉상을 선생의 고향인 통영으로 가져가고 싶다는 의사를 북한 측과 이수자여사에게 밝혔다. 남북한 상호 검토 끝에 지난해 말 윤이상평화재단을 통해 공식적으로 복제 기증해줄 것을 요청했다. 이에 북측은 지난 4월말께 이 흉상을 재단 측에 전달했고 재단은 이를 개성공단을 통해 육로로 반입하고자 정부에 반입신청서를 제출, 승인을 받았다. "

윤이상 흉상은 전시관의 첫 번째 전시내용으로 배치되어 있는 것이나 흉상에 담긴 이야기로 보았을 때 윤이상기념관의 핵심이라고 할 수 있을 것이다.

음악 유품

윤이상기념관에서 눈에 띄는 콘텐츠는 바로 음악과 관련한 유품이다. 윤이상을 이해하는데 있어서 빼놓을 수 없는 음악. 윤이상 친필 악보와 바이올린, 지휘대 등의 유품에서 윤이상의 음악적 열정뿐만 아니라 그의 정신마저 느껴진다. 음악을 사랑하고 음악을 통해 소통하고자 했던 그의 바램대로 윤이상기념관에 전시되어 있는 유품에서는 음악에 대한 그의 애정을 느낄 수 있다. 세계 5대 건축가로서 명성을 날렸던 윤이상의 다양한 음악적 관심을 알 수 있도록 유품이 소장되어 있고 윤이상에 대한 간략한 정보를 벽면에 전시되어 있는 패널을 통해 알 수 있다. 기타 영상이나 실물 모형 전시 기법을 사용하여 전시한 내용도 살펴볼 수 있다.

그림 8. 바이올린과 악보

윤이상기념관 운영

관람료는 무료이며 월요일부터 일요일까지 오전 9시부터 저녁 6시까지 관람할 수 있다. 다만 목요일은 휴관한다. 또한 법정 공휴일의 다음날과 1월 1일 설날과 추석 연휴는 휴관한다. 전시관에 대한 해설은 단체로 예약할 경우 가능하다. 기념관 밖 경사광장과 기념관에 딸린 메모리홀은 화요일부터 일요일 오전 9시부터 오후 9시까지 대관이 가능하다.

표 3. 대관료 기준표

구분	기준	사용료	비고
공연장(메모리홀)	1시간	20,000	추가시설 이용료 별도
경사광장(야외공연장)	1시간	10,000	
냉난방 시설	1시간	10,000	

대관을 위해서는 대관신청, 대관심의, 승인 통보, 계약, 대관료 납부, 대관 마무리의 순서로 이뤄진다.

표 4. 대관절차

	절차	내용
1	대관신청	대관신청 다운로드 TEL. 055-644-1210 FAX. 055-646-1210
2	대관심의	신청서를 접수받아 일정 및 대관계획을 검토
3	승인통보	검토 후 문제가 없을 경우 대관승인을 통보
4	계약/진행협의	계약은 기념관으로 직접 방문하여 실시하며, 계약금을 체결
5	대관료 납부	행사 7일 이전까지 잔금(대관료)을 납부
6	대관 마무리	대관일자에 행사를 개최 및 마무리 진행

　　대관이 가능한 윤이상기념관의 경사광장과 메모리홀에서는 각
종 음악공연이 열린다. 2010년 윤이상 국제 음악콩쿠르, 2011년 윤
이상 기념공원 프로젝트 콘서트, 윤이상 기념공원 기획공연 개관 1
주년 기념 4회 독주회, 2012년 윤이상 기념공원 기획공연 Ⅱ로 플루
트 독주회 아카데미 콘서트 등이 개최되었다. 또한 통영국제음악제
기간에는 프린지공연의 장소로 사용되어 음악과 함께하는 장소로
살아 숨쉬고 있다.

저자 한마디

윤이상, 이름도 낯설었던 그가 이 글을 쓰기 위해서 책을 읽고 논문을 찾아보고 기사를 펼쳐보며 토의와 토론을 거치면서 점점 가까워지고 익숙해져 이제는 너무도 자연스럽게, 당당하게 소개할 수 있는 '자랑스런 한국인'으로 가슴 한 켠에 자리잡게 되었다.

이러한 알아감의 과정이 없었다면 아마도 그는 어느 기념관 안에 우두커니 서있는 흉상 하나로 남을 뿐 기억에서도 사라졌을지 모른다. 예전에 미처 알지 못했던 것을 새롭게 그리고 가슴으로 알게 되는 소중한 경험이 되었다. 특히 이국만리 낯선 곳에서, 낯선 사람들 속에서 자신만의 개성, 자기의 길을 찾아간 그의 구도자적인 음악세계는 앞으로 세상 속으로 길을 열어갈 우리에게 시사해주는 바가 많았다.

여행도 좋고, 축제도 좋았지만, 무엇보다 한 사람을 가슴깊이 알게 되고 이해하게 되는, 이런 멋진 경험이 더 좋은 답사 후기... 우리 앞으로 많이 씁시다, 화이팅!

– 우승아

저자 한마디

통영은 전통과 현대 문화가 함께 공존하는 아기자기한 도시였습니다. 나라를 지킨 이순신 장군을 만날 수 있고 음악으로 한국을 세계에 알린 윤이상 작곡가를 통해 매년 아름다운 음악을 들을 수 있습니다. 세병관 안의 12공방에서 발달한 나전칠기는 검은 빛의 독특한 아름다움으로 사람들을 매료시켰습니다.

통영은 정겨운 인상을 가진 도시입니다. 미로처럼 얽힌 동피랑 벽화마을은 구석구석 예쁜 그림이 그려져 있어 어린 날 벽에 그린 낙서처럼 정다운 느낌이 들게 합니다. 그곳에서는 넓은 바다도 보이고 기분 좋은 바람도 불어옵니다.

우리가 통영에 갔을 때 봄비가 보슬보슬 내렸지만 통영에 대한 좋은 인상 때문인지 비를 맞는 것마저 기분이 좋았습니다. 다시 그곳에 간다면 통영에 작은 길을 따라 아주 오랫동안 걸어볼 생각입니다. 그곳에는 언제나 기분 좋은 바람이 불 것 같습니다.

— 김은진

저자 한마디

윤이상 기념관은 사실 처음 갔을 때는 실망을 많이 했습니다. 어떤 특별함도 없고 윤이상의 삶에 대한 전시에 그쳤다는 생각이 들었죠. 하지만 답사를 마치고 글을 쓰기 위해 공부하면서 기념관이 왜 그러했는지 보지 못했던 것을 알게 되었습니다. 또한 윤이상이라는 생소했던 음악가를 알게 되고 그의 음악세계가 어떻게 구축됐는지 조금이나마 알 수 있는 기회였다고 생각합니다.

— 정진용

참고자료

김용환, 「음악과 민족 vol.-no.11-윤이상, 그의 삶과 음악」, 민족음악회,
    1966

노동은, 「음악과 민족 vol.-no.7-한국에서 윤이상의 삶과 예술」, 민족음악회,
    1999

루이제 린저, 『상처받은 용』, 영학출판사, 1988

이수자, 『내 남편 윤이상 상·하권』, 창작과 비평, 1998

윤이상기념관 홈페이지

통영관광개발공사 홈페이지

화려한 바다의 빛깔을 담다 : 통영 옻칠미술관

옛날 시골 할머니댁에 가면 어느댁 할 것 없이 방 한켠엔 고상하니 자개장농 한 칸씩은 있었다. 얼마전까지만해도 혼수품 일호였던 나전칠기가 이젠 세월따라 그 흔적까지 사라져 가려 한다. 여기 뿌리깊은 전통공예를 살리면서 현대화를 모색하고 있는 옻칠미술관이 있다. 바다의 오묘한 빛깔을 담은 나전칠기 공예, 그 역사적 맥락과 전통을 이어 현대적으로 계승하고 있는 생생한 현장속으로 들어가 보자.

나전칠기의
어제와 오늘

'장인의 21세기 생존기',어느 디자인 잡지에 실린 통영 공예와 관련
된 기사의 제목이다. 유행에 가장 민감한 분야 중 하나인 디자인 잡
지에서 전통공예 장인과 현대 디자이너가 만났다. 전통을 살리면서
동시에 전통이 현대적 감각으로 활용, 생존하기 위한 전략을 모색
한 기획 기사였다.

　　우리가 방문했던 곳도 오랜 역사를 가진 통영 공예를 지키기 위
해, 전통이 아닌 현대화를 선택한 옻칠미술관이다. 전통공예기술인
옻칠을 기반으로 나전칠기로 예술작품을 만드는 이곳은 자연의 혜
택을 받은 통영의 전통공예기술을 이어가면서도 전통공예의 현대화
를 통해 좀 더 친근하게 다가가기 위한 노력을 하고 있었다. 공예기
술에 대한 전문가와 그를 보좌하는 행정전문가의 애정어린 노력은
문화와 산업을 융합하고자 하는 우리에게 많은 생각거리를 던져주
었다.

　　우리는 나전칠기의 역사와 제작과정을 통해 나전칠기가 무엇
인지 알아보고, 특히 통영이 나전칠기로 각광받는 역사·사회적 배경

에 대해 살펴보았다. 그리고 현대적 공예품으로 손색없는 아름다운 무늬의 나전칠기의 현대적 사례들과 앞으로의 발전 방향에 대해 고민해 보았다.

통영과 나전칠기

'한국의 나폴리'라 불리며 자연경관으로 유명한 통영은 본래 '삼도수군통제영'의 줄인 말이라고 한다.

> 통영(統營)이라는 지명은 삼도수군통제영(三道水軍統制營)을 줄인 말로, 선조37년(1604) 통제사 이경준이 두룡포(지금의 통영시)로 통제영을 옮기면서 통영의 명칭이 여기에서 시작되었다. 또한 충무시(忠武市)의 본 지명은 통영군이고, 통영군에서 시로 승격되면서 충무공(忠武公)의 시호를 따서 충무시라 하였으며, 통영이나 충무시의 탄생은 삼도수군통제영과 충무공에 연유하여 붙여진 이름이다.
>
> - 통영시청 연혁 중에서

통제영에 대한 설명으로 '신증동국여지승람' 고성현 영이부분에서 '선조 26년(1593)에 처음으로 통제사를 두어, 경상, 전라, 충청 3도의 주사(수군)를 관장하게 하고 이순신을 통제사로 하였다' 고 서술하고 있다. 이처럼 통영은 조선 후기 해안 방어를 위한 군사적 요충지였다. 그러나 통제영이 우리에게 더욱 의미 있는 이유는 바로 나전칠기를 생산한 기술의 집약체였던 통제영 소속의 '12공방' 때문이다.

나전칠기의 역사

본래 우리나라의 나전칠기는 조선시대가 아니라 그 훨씬 전인 기원전 4세기경으로 충남 아산 남성리 석관묘에서 출토된 옻칠 조각이다. 한반도의 독자적인 칠기 제작환경을 유추할 수 있는 증거로 알려져 있다.[1] 오래전부터 토착적인 기법으로 제작된 나전칠기는 삼국시대에 들어서면서 주로 무덤의 부장품에 사용되면서 표면에 무늬 그림이나 금속 장식을 통해 표현되었다. 그러나 통일신라시대로 넘어가면서 더 이상 부장품이 아닌 실제 생활용품으로 사용되기 시작한다.

고려시대에는 고려시대의 나전 무늬와 장식 기술은 청자와 함께 고려의 주요 교역품으로 꼽힐 정도로 높게 평가받았다. 동국문헌비고에서는 11세기 문종이 요나라 왕실에 나전기를 선물로 보냈다는 기록이 있으며, 송나라 서긍은 선화봉사고려도경에서 나전 공예의 세밀함을 언급하였다.

> 기병이 탄 말안장과 언치는 매우 정교하며 나전으로 안장을 꾸몄다.
>
> — 권15, <차마기병마>조

> 그릇에 옻칠하는 일은 그리 잘하지 못하지만 나전으로 만든 것은 세밀하여 귀하다고 할 만하다.
>
> — 권23, <잡속2, 토산>조

고려 나전공예는 20단계 이상의 제작과정을 거쳐서 완성되는데, 흑칠이나 주칠 바탕에 나전과 대모, 그리고 은선 또는 동선을 감입하여 무늬를 표현한다. 자개는 전복 껍질을 종잇장 정도 두께로 얇게 갈아서 사용하는데, 고려의 특징적인 기법이라고 한다.

이후 조선시대로 넘어가면서 고려의 전통은 계속 이어지면서도 조선은 타찰법이나 모조법 등 다양한 기법 개발과 변화를 통해 그 들만의 독자적인 나전공예를 발전시켜 나갔다.

나전칠기는 관영수공업형태로 국가에서 장인을 관리하였는데, 이는 나전칠기의 재료와 기구관리 뿐만 아니라 나전칠기 수요 또한 왕실을 중심으로 관청에서 주도하였기 때문이다.

다양한 변화 속의 나전칠기

나전칠기는 왕실 가례 시의 혼례품이나 지배층의 일상적인 사치품, 특수용도의 고급 품 등 한정된 품목으로 인해 조선 초기만 해도 무 늬 또한 보수적인 경향을 보이고 있었다. 그러나 점차 16세기 이후, 관영수공업이 점차 붕괴되면서 보수적인 경향에서 탈피하기 시작하 였다. 18세기 상공업 발달로 나전칠기 제작이 다시 활기를 띰과 동 시에 일반 서민층에서 수요가 확산되면서 나전칠기에 새로운 변화 가 생기게 되었다. 19세기 초반의 기록에서 통영이나 나주를 나전칠 기의 명산지로 언급하면서 민간 수공업 체제를 통해 나전칠기가 서 울에서만이 아니라 지방에서 제작되기 시작했음을 알 수 있다.

18세기 후반에는 상공업의 발달과 나전칠기에 대한 수요층이 넓어지면서 기존의 의복함, 교지함, 소함, 시통 등 왕실이나 지배층 이 사용하는 기종이 반상, 함지, 바느질자, 실패 등 일상용도로 나전 칠기의 종류가 다양해졌다. 또한 수요 확대로 인한 일반 서민층의 소망과 기원을 담는 기복적 성격의 길상무늬가 등장하게 된다.

나전칠기의 종류의 다양화와 무늬, 기법 등 다양한 변화는 19

세기 후반에 이르러 근대화의 영향으로 식민지시대를 맞이하게 되면서 일본인들의 공예품 선호로 인해 생산량이 크게 증가하게 된다. 그러나 그 나전칠기의 질적 수준은 고려나 조선시대의 단순 모방이나 부분적 기능 변화 등 대부분 일본인들의 취향을 반영하게 된 것이다. 서양적 양식을 부분적으로 수용한 나전칠기는 외형적으로 어색한 느낌을 풍기게 되었다.

이러한 상황에서 전통을 지키고 후진 양성을 위한 노력으로 1927년 나전실업소라는 공예학교가 설립된다.

나전칠기의 재료와 제작과정

나전은 목기나 나무 장롱을 만들어 먼저 옻칠을 하고 그 위에 나전을 붙이고 다시 옻칠을 하여 마감한다. 간단히 삼단계를 거치지만 다시 자세히 살펴보면 각 단계마다 여러 가지 작업이 덧붙여져 대략 28에서 30가지의 공정을 거친다.

---

1 백골에 생칠하기 : 바탕 나무에 생칠을 하여 틈을 메우고 바탕을 견고하게 한다.

2 베 바르기 : 백골 위에 삼베나 무명 등을 발라 바탕을 고르게 하고 견고하게 고정한다.

3 베 눈 메우기 : 베에 생칠을 발라 표면을 고르게 하고 더욱 단단하게 만든다.

4 고래 바르기 : 황토와 생칠과 풀을 섞어 고래를 만들어 거친 초벌 칠을 다듬는다.

5 면 고르기 : 숫돌에 물을 묻혀 부드럽게 돌리면서 바탕이 매끄럽게 되도록 간다.

---

6 고래 위 생칠 바르기

7 칠면 틈 메우고 갈아내기

8 밑칠하기: 2차에 걸쳐 밑칠을 한다.

9 밑칠갈기: 연마용 숯으로 칠면을 갈아 고르게 한다.

10 자개붙이기: 종이에 붙인 자개에 아교를 바르고 백골 위에 놓고 인두로 지져 붙인다.

11 풀 빼기: 종이와 자개 밖으로 묻어나온 아교를 뜨거운 물로 닦아낸다.

12 자개 손보기: 떨어져 나갔거나 잘못 붙은 자개를 교정하고 남은 아교를 제거한다.

13 자개 면 생칠하기: 자개를 더욱 단단하게 붙이기 위한 작업이다.

14 고래 바르고 갈아내기: 고래를 발라 건조시키고 숫돌로 갈아낸다.

15 초칠하기: 옻칠을 하여 건조한 후 연마용 숯으로 칠면을 갈아낸다.

16 중칠하기: 15와 같은 과정을 거친다.

17 상칠하기: 질이 좋은 정제칠을 바른다.

18 자개 위 칠 긁기: 칠 긁기 칼로 긁어낸 후 연마용 숯으로 갈아낸다.

19 초벌 광내기: 숯으로 칠면을 고르게 하고 솜에 콩기름과 숯가루를 묻혀 광을 낸다.

20 접칠하기: 생칠을 묽게 하여 한 번 바른 후 닦아낸다.

21 마감 광내기: 콩기름을 묻힌 솜으로 문질러 광을 낸다.

나전 역시 전복 껍질에서 채취하여 붙이거나 끊어서 목표하는 디자인에 적합한 형태로 재가공하여 사용한다.

나무로 만든 가구는 나무의 유기적인 성질과 자연 환경 가운데 온습도의 변화에 따라서 변형되거나 뒤틀리기도 한다. 이러한 나무의 약점을 보완하기 위해서 나무로 만든 가구의 나무 바탕에 종이를 붙이고 풀칠을 하고 나전을 붙이고 다시 갈아내고 하는 공정을 반복한다. 이렇게 만들어진 나전 장롱은 나무 장롱에 비하여 값은 두 세배 비싸지만 수명은 그 이상 유지된다. 통영에서 생산된 소반은 다른 지역과 달리 일부 소반에도 나전을 칠하여 통영반의 특징이나 개성을 확실히 표현하기도 했다.

옻칠의 현대화 맥락

옻은 채취하고 바로 칠하면 칠이 안됩니다.
정제기술이 있어야 합니다.
정제기술이 굉장이 중요합니다.
우리나라는 정제기술의 인간문화재로 관장님이 지정해 주었습니다.
중국은 정제기술이 맥이 끊겼습니다. 맥을 잇기 위해서...기초 작업을 다 해두었습니다.
그래서 우리나라에서 액을 사와서 정제를 한 뒤 역수출을 하고 있습니다.

- 부관장님 전시안내 중에서

통영 옻칠미술관은 개인이 옻칠에 대한 관심과 작품을 위한 사적인

95

장소이기보다는 현대판 12공방의 재현이며, 통영의 전통공예정신을 단적으로 경험할 수 있는 곳이다. 각 공정에 대한 쉬운 길, 이른바 꼼수를 쓰지 않고 21단계에 이르는 과정들에 대한 깊은 이해를 통해 중요한 공정기술의 명맥을 잇기 위해 지원을 아끼지 않는 모습을 볼 수 있었다. 이러한 노력들이 통영 옻칠미술관에만 국한된 것은 아니며, 우리나라만의 이야기도 아닐 것이다.

지난 4월 7일, 국립고궁박물관에서 조선왕실의 궁중의례 때 사용된 궁중채화를 선보이는 전시의 개막식이 있었다. 궁중채화장은 무형문화재 지정을 받은 지도 얼마 되지 않았으며, 이 전시 또한 외국에서 열린 전통공예장인들을 선보이는 행사에서 채화장이 인기를 끌게 되었고 그 후에 국내에서 열리게 되었다. 과거의 전통이나 장인으로서의 고집보다는 현대적인 감각으로 변화를 추구하면서 명품회사와의 협업을 통해 자생력을 갖춘 해외 장인도 만나 볼 수 있었다.

그렇다면, 나전칠기와 관련된 전통공예기술들이 현대적으로 어떻게 변형되어 왔고, 각 나라에서는 어떻게 현대화되고 있는지 살펴보고 나전칠기의 앞으로의 방향에 대해 고민해보자.

문화산업으로서의 나전칠기

한국 공예문화산업은 과거의 예술적인 전통 공예에서부터 활용한 문양 및 나무에 나전을 부착하는 방식을 계승하기보다 현대적인 디자인과 새로운 방식 그리고 전통 공예를 서로 융합하여 발전하는 방향으로 나아가고 있다. 또한 공예품을 고객으로 하여금 고가의 상품이 아닌 다양한 가격대로 하여 구매의 폭을 넓히고 대중적인 상품을 생산하며 작은 공방에서부터 온라인 쇼핑몰 및 다양한 공간을 활용한 전시판매장까지 확대해 새로운 판로를 개척하여 고객의 요구에 부합하고 있다.

나전장을 중심으로 한 문화상품

대한민국 문화재청은 중요무형문화재 공예분야에서 보유자 2명과 전수교육조교 2명을 나전장 전승자로 인정 하고 있다. 무형문화재 제 10호 송방웅(통영전통공예전수교육관)은 끊음질(자개를 실 가닥처럼 잘라 칼끝으로 끊어가는 기법)으로 빗접, 보석함, 고비, 벽걸이 등 생활용품 및 가구를 제작하고 있으며 이형만(원주 전통공예

97

연구소)은 줄음질(실톱, 가위 등으로 자개를 얇게 썬 후 도안에 오려 붙이는 기법)으로 창패, 야광패, 진주패, 등 자기만의 표현기법과 표현양식으로 작품활동을 하고 있다. 최근 들어 점차 나전칠기의의 현대화 방안으로 전통은 전통으로 치키되 현대에 맞게 문양을 좀더 현대적으로 변화를 주거나 나무에 자개를 붙이지 않고 다른 소재에 나전을 적용하는 방식으로 바뀌가고 있다

그림 1. 나전장의 전통 공예상품

공방을 중심으로 한 문화상품

전통적인 방식의 공예품부터 현대적인 생활공예품을 판매하는 공방까지 다양하게 운영되고 있다. 이러한 공방들은 상품을 직접 제작, 판매, 유통까지 운영하는 소규모 공방도 존재하고 있지만 자체 브랜드를 가지고 다양한 상품들의 보유, 판매하는 온라인 쇼핑몰 형태가 가장 많이 운영되며 저렴한 가격대부터 고가의 상품까지 가장 다양한 가격대의 상품이 판매되고 있다. 그러나 대량 생산을 위해 한국의 높은 인건비와 한정된 재료 그리고 부족한 기능인의 문제로 외국의 나전칠기 고유의 특성이 사라진 저급상품이 대량 판매되므로 한국의 품질이 떨어져 문제해결이 필요하다.

그림 2. 옻칠미술관에 판매중인 전통 공예상품 좌측부터 목걸이, 컵, 머리핀

전문기관을 중심으로 한 문화상품

우리나라 공예품을 현대 사회에 적용하기 위해서 기관은 정부에서 설립하고 재단화하는 문화재 보호재단과 국립박물관 문화재단 그리고 기업에서 지원하는 삼성문화재단의 문화상품 파트에서 팀을 구성 나전칠기 문화상품을 연구개발 진행하고 있다.

대표적으로 문화체육부 산하 한국공예디자인문화진흥원은 전통공예 기반을 바탕으로 공예 장인과 디자이너의 협업 프로젝트 및 나전장인들과 젊은 공예가들의 작품들을 전시 판매되고 있다. 그러나 전통공예를 현대적으로 디자인한다는 좋은 의미로 시작한 프로젝트는 공예품 자체가 고가였기 때문에 시장을 개척하기가 쉽지가 않은 상태이다. 그러므로 연구 사업 및 장기적이고 체계적인 접근이 필요하다.

전통공예는 오랜 문화적인 특성과 전통을 지니며, 나라 혹은 지역의 특산물에서 고도의 제조과정을 지닌 유물이라 할 수 있다. 우리나라의 경우 조선시대부터 외부침략과 식민지화 전쟁 등으로 인해 고유의 전통공예기술들이 오랜 기간 단절이 이루어졌고, 후대에 전해지지 못했다. 외국 다른 나라들은 자신들의 역사적 특색이 있는 전통 공예기술이나 기법을 전승, 보존하며 후대에 계승하였고, 현대에 이르러서는 현대인의 생활 속에 스며들어와 현대적인 감각으로 재탄생되고 있다. 특히, 우리나라와 인접해 있고, 문화나 생활양식이 유사한 일본의 경우, 이미 오래 전부터 대를 이어가면서 역사를 지닌 전통적 공예품과 기술을 계승해 왔다. 전통적인 소재를 가지고 현대화하는 부분에 있어서 아시아 어느 나라보다 앞서 있었고, 일본의 전통 공예가 아시아를 대표하는 이미지로 굳혀졌고, 백제, 가야, 조선 등 우리나라를 통해서 전수된 수많은 전통 기술, 공예품 들이 일본의 고유한 상품인 것처럼 여겨지고 있다. 근래에 들어와 우리나라도 명맥이 끊긴 전통공예 기술에 대해 국가적인 지원이나 정책 등을 서서히 펼치고 있으나, 일본의 지원이나 정책 등에 비해 많은 부분 미약한 것이 사실이다. 본 장에서는 일본과 베트남 등 전통 공예품이나 지역 특산품에 대한 진흥단체, 특화 되어 있는 사례들을 조사해보고 활성화 방안에 대해 알아보고자 한다.

후쿠이현 타케후 나이프 빌리지

일본은 섬나라라는 특성상 영토를 차지하기 위해 오랜 기간 영토싸움이 일어났다. 더 이상 영토를 확장할 수 없게 되었을 때, 정해진 영토 안에서 조화를 중시하게 되었다. 그 후, 칼은 조화를 깨뜨리고자 하는 사람들을 다스리기 위한 필수불가결한 요소였다. 이러한 일본만의 독특한 칼의 역사를 지니며 발전 해 온 지역이 후쿠이현 타케후 나이프 빌리지이다. 교토에서 온 기술자들이 정착하면서 에치젠 칼 조합을 만들게 된 것을 시작으로 700년의 역사를 지닌 마을이 되었다. 과거에는 주로 주방용 칼이나 농사기구 등을 생산하였는데, 현대에 들어와서는 장식용 칼도 만들고 있다. 타케후의 수제 칼은 역사, 지역적 스토리와 더불어 칼의 내구성이 뛰어나고 오래가기로 정평이 나 있다. 20세기 초반, 산업체계가 대량생산 체제로 바뀌고, 소비자요구가 변화하면서, 소규모 가내 수공업 중심 산업이 경쟁력을 잃게 되자, 현과 지역에 있는 디자이너들이 중심이 되어서 지역 산업 살리기 운동을 전개하였다. 일본의 역사성을 지닌 공예와 현대적 디자인 감각을 접목한 혁신적인 노력으로, 후쿠이현의 특색을 지닌 고부가가치 공예품을 생산하게 되었다.

국가 공인 장인이 10명이 소속되어 있는 타케후 브랜드가 일본뿐만 아니라, 세계적으로도 유명해지면서, 일본 각지에 있는 도제들이 몰려들어 타케후의 전통 공예기술의 명맥을 계속 잇고 있으며,

매년 칼을 주제로 디자인 공모전을 개최해 후쿠이현의 공예품과 지역을 폭 넓게 인지시키고 있다. 또한, '나이프 빌리지' 라는 지역을 설정하고, 지역 전체를 관광 상품화함으로써 지역 활성화에 기여하고 있다.

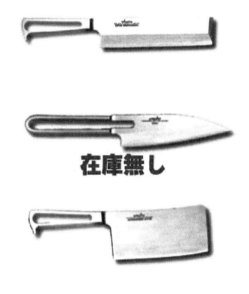

그림 3. 타케후의 수제칼

사가현의 아리타 도자기

도자기 생산 기법을 모르고 있었던 일본은 임진왜란 당시 조선에서 데려온 도자기 장인 덕분에 비로소 도자기를 생산하게 되었고, 도자기 공예를 발전시킬 수 있었다. 일본의 사가현 아리타시는 조선의 도자기 장인 이삼평이 정착한 곳으로, 그 후 도자기 공예의 도시로 발전했다.

그림 4. 사리현의 아리타 도자기

　아리타시 또한 후쿠이현과 마찬가지로 급속한 산업화에 따른 생활양식의 변화로 공예 도자기의 불편함, 가격 경쟁력 하락 등의 문제들로 인하여 지역 공예산업이 쇠퇴의 길로 접어들게 된다. 이러한 시점에서 아리타 도자기 공예의 오오야마 방식을 13대째 전수해 오던 이와호 히로가 지역의 몇몇 도공들과 함께 합작회사를 설립하게 되면서, 아리타 시 도자기 공예의 산업화가 시작되었다.

　특히 중요하게 여겼던 것은 도자기의 현대적 디자인을 도입하는 것이었다. 지역의 많은 도자기 장인들은 갑작스러운 변화에 반발이 심하였지만, 큐슈 지역 산학협동을 실시하고, 디자이너 지망생인 지역의 젊은이들을 설득하여 전통적 도자기와 산업디자인을 접목시키는 일을 시도함으로써, 도자기 공예의 현대화를 성공하게 된다. 전통적 도자기뿐만 아니라, 현대 생활양식에 맞춰서 그에 맞는 기술을 익혀 현재는 양식기, 조명등, 타일, 스피커 등 다양한 제품에 도자기 기술을 접목시키고 있다. 아리타시는 도자기공예를 지역 관광 상품으로 내걸고, 도자기 거리, 도자기 도매단지, 도기시장, 도자기 축제 등 도자기를 활용한 다양한 관광 상품을 개발하여, 지역관광지화를 도모하고 있다.

미야기현의 사케

일본의 미야기현은 벼농사와 사케 양조로 유명하며, 일본 내에서도 사케 소비량이 가장 높은 곳으로 잘 알려져 있다. 일본의 동북부 지역의 곡창지대로 질이 좋은 쌀과 그 쌀로 빚는 사케가 전국적으로 유명한 지역이다. 특히 미야기현은 다양한 이벤트 행사를 진행함으로써, 지역에서 나는 특산물 홍보에 힘을 기울이고 있는데, 미야기 국제 디자인 공모전(International Design Competition in Miyagi)은 술과 관련된 모든 품목 제품을 대상으로 하는 국제 디자인 공모전으로써, 술문화와 관련한 강의, 술 전시회, 판매 이벤트 등 다양한 이벤트를 개최하고 있다. 뿐만 아니라, 지역초대 작품전과 다양한 시음서비스를 위한 장터 등도 개설하여, 미야기현을 세계에 알리고, 지역발전을 돕는 기폭제 역할을 하고 있다.

그림 5. 미야기현의 사케 양조

베트남, 민 부티크, 옻칠 산업

일반적으로 옻칠이라고 하면 중국, 일본, 한국을 떠올린다. 하지만 옻칠 산업과 관련하여 현대적 디자인을 접목한 베트남이 주목을 받고 있다. 베트남은 베트남 전쟁 이후 급속하게 산업 경제가 발전한

나라이다. 대표적으로 대나무를 활용한 목재 소품의 수출이 많은데, 그 중에서 옻칠제품도 주력 상품 중 하나이다. 베트남 어느 곳에서나 옻칠을 활용한 제품들을 쉽게 접할 수가 있는데, 대부분이 순수한 옻칠이라기보다는 화학 옻칠 제품으로, 수십 수백 명 단위의 공장에서 생산되는 제품들이다. 가격이 저렴하여 베트남의 관광객들과 해외 바이어들에게 지속적인 인기를 얻고 있다. 그러나 이러한 제품들은 베트남 고유의 특징이 없고, 중국이나 일본, 서양 제품 등을 부분적으로 참고한 모방작으로 제품의 질 또한 좋지 않다는 단점이 있다.

반면에 고가 전략을 통한 옻칠 전문 브랜드 민 부티크가 옻칠의 새로운 지표를 던져주고 있다. 여타 베트남 제품과 달리, 극도로 절제된 단순미를 강조하고 현대적인 디자인을 접목시킨 양질의 제품을 만들어 내고 있다. 일본과 중국, 서양, 베트남의 문화적 특징을 적절하게 크로스오버한 디자인은 프랑스 파리 메종 오브제 등의 전시회에서 호평을 받아 계속해서 유럽에 수출되고 있다. 프랑스 디자이너 자크 블라차드가 20년 이상 연구하고, 개척하여 베트남 파트너와 함께 만든 옻칠 브랜드가 저가의 옻칠 제품이 많은 베트남에 고부가 가치 제품이라는 인식을 심어주고 있다.

그림 6. 민 부티크의 옻칠 제품

옻칠 공예 활성화 방안

지금까지 해외 전통공예의 현대 활성화 사례들에 대해 알아보았다. 이미 세계 여러 나라들은 소비자들의 요구를 파악하여 자신들이 지니고 있는 전통공예를 현대적 디자인을 접목한 새로운 방향으로 산업의 방향을 잡고 있다. 과거 화려했던 옻칠공예문화는 산업화의 바람에 전통적인 기술이 단절되고 변조 되었으며, 실생활에서 상품의 경쟁력을 가질 수 있는 여건이 사라졌다. 일본과 베트남의 전통공예 활성화 사례들을 통해 우리나라 옻칠 공예의 활성화 방안은 다음과 같다.

첫째, 한국적 이미지의 디자인을 확보하여야 한다. 우리나라 옻칠공예 산업은 근대로 접어들면서 전통적 명맥을 잇지 못하고, 변질되거나 서구화 되었다. 특히 일제시대와 6.25를 겪으며 일제의 경공업기술과 서구의 상품들로 더 이상 경쟁력을 가질 수 없게 되었다. 특히, 옻칠공예 장인의 수가 절대적으로 부족하고, 모든 공정을 한 명의 사람이 하다 보니, 디자인의 단순화가 지속되었다. 이를 벗어나기 위해, 옻칠 관련 디자인 지원센터를 구축하여 우리나라만이 가질 수 있는 독창적인 디자인을 개발하여야 한다.

둘째, 옻칠 공예를 문화상품으로서 지역 관광 상품화를 실시하여야 한다. 일본 사례에서 살펴보듯이 지역의 특화된 기술을 바탕으로 하여서 지역민과 그 지역전체의 문화상품화를 통해, 전통공예 뿐만 아니라 지역경제 활성화도 함께 가져올 수 있었다. 우리나라의 경우 옻칠공예의 역사와 문화, 예술, 관광 상품을 생산하는 특산지로 통영을 중심으로 지역연계 관광화가 이루어져야 한다. 옻칠의 역사와 숙련기술과 예술적 가치를 지닌 다수의 기능인을 보유하고 있고, 12공방과 연계된 루트개발, 나전칠기 시연 등도 함께 진행하여 옻칠을 중심으로 한 지역 클러스터 형성도 가능하리라 본다. 이를 위해 옻칠장인과 지역 구성주체 간 협업 네트워크 형성이 먼저 이루어져야 하고, 대학 중심의 디자인 기술 접목도 이루어져야 할 것이다.

셋째, 옻칠을 활용한 문화상품의 개발이다. 일본의 사례에서도 전통적 방식을 그대로 유지 한 채, 현대적 디자인을 접목시켜서 실생활에 필요한 다양한 품목을 생산해 내고 있다. 우리나라 또한 소비자의 요구를 파악하고 현대적 디자인을 접목시켜 상품 품목의 다양화 (휴대폰 악세서리, 머니클립, 화장품케이스, 도장, 핸드백, 안경 등)를 꾀해야 한다. 이를 위해서는 품질의 균일화 및 자체 유통 센터를 만들어 옻칠 산업의 가치사슬을 형성하여야 한다.

넷째, 해외 문화 상품 유통을 실시하여야 한다. 과거 1960년대만 하더라도 집안에 나전장농이 있는 것만으로 그 집의 자랑거리였다. 하지만, 현대화가 급속하게 이루어지면서 서구의 가구가 매입되고, 나전 장롱은 마치 시골 할머니가 사용하는 옛날 가구라는 인식이 생겨났고, 옻칠과 관련된 모든 상품들은 오래된, 구닥다리라는 잘못된 인식이 자리를 잡았다. 하지만, 점차 시간이 지나면서 우리의 전통공예들이 외국에서 먼저 주목을 받기 시작하였고, 가장 한국적인 것이 가장 세계적이다 라는 인식이 생겨나고 있다. 외국에서 열리는 다양한 전시회에서 옻칠과 한국적 미학이 주목을 받고 있고, 특히, 한국을 찾는 외국인들을 대상으로 문화와 전통, 예술, 현대적 감각이 함께 접목된 관광상품들이 큰 인기를 끌고 있다. 현재는 주로 오프라인 관광기념품 위주로 판매되면서 해외에서 쉽게 우리 전통 상품을 접하기가 쉽지가 않지만, 인터넷 쇼핑몰 활용과 국제 디자인 전시 참가 등 다양한 유통구조를 마련한다면 옻칠의 세계화도 어렵지 않을 것이다.

본 연구는 우리나라의 옻칠에 대한 역사적 흐름과 전통적인 옻 제품의 제조과정을 통영이라는 지역을 중심으로 살펴보고, 옻칠의 현대화 과정 및 해외 현대화 사례를 통해 우리나라가 앞으로 옻칠산업에서 경쟁력을 갖기 위한 방안에 대해 집중적으로 고찰하였다. 현재까지 우리나라 전통공예는 과거에 만들어진 형식을 그대로 따라 하거나, 과거의 형식 또한 잘 보전되지 않고 있는 상태이다. 그 결과 옻칠 공예 뿐만 아니라 전통공예 기술이 현대화 된 실생활에서 경쟁력을 가질 수 있는 여건을 상실하게 되었다. 우리나라가 지닌 전통적 기술과 현대적 디자인을 접목하여 현대적 감각의 제품을 개발해야 할 뿐만 아니라 국가, 지역에서도 보전을 위해 정책적으로 홍보 및 기술을 보전시켜야 한다.

본 연구에서 해외 우수 사례들을 통해 우리 공예산업의 현실적인 모습을 확보하고, 디자인기술이 전통적 공예 구축에 이바지 할 수 있는가를 본격적으로 논의 할 수 있는 계기가 마련되기 바란다.

최근 들어 전통적 공예기술이 오늘날 다시 부각되는 이유는 산업화를 통해 서구화된 생활양식과 인식, 가치가 더 이상 경제적, 문화적 기반의 축으로서 역할을 소화해 내고 있지 못하기 때문이다. 그 결과 세계 여러 나라들은 전통적인 문화에 관심을 가지고 산업화하여 고부가가치를 창출하고자 한다. 비록 후발주자로 시작하였지만 우리나라 또한 우리 전통을 보전하고 개발하여 상품화에 힘쓰고 있다.

문화적 가치는 이미 우리 선조들이 추구해 온 생활과 정신 속에 우리에게 내재되어 있다. 온고지신이라는 말처럼 옛 것을 배워 새로운 것을 깨달아 오늘날의 모습을 깨닫고 세련되게 변화시키는 것이 올바른 길이라 생각된다.

저자 한마디

배움이 깊어질수록 더욱 절실하게 깨닫게 되는 것은 '진정'입니다. 유명한 사람이 설계한 어떤 곳, 잘 나가는 어느 업체의 무엇보다는 그것을 진정으로 알리기 위해 노력하는 그 사람의 마음말입니다. 통영 옻칠미술관에는 우리나라의 옻칠을 지키고자 노력하는 사람과 그것을 헤아리고 돕는 사람들의 단단하고 빛나는 마음이 있었습니다.

우리가 배워야 하는 이유, 순수한 열정을 불러일으키는 현장에 가야 하는 까닭이었습니다.

– 안민주

참고자료

국립문화재연구소,『우리나라 전통 무늬3: 나전 화각』, 국립문화재연구소, 2009.

국립중앙박물관,『천년을 이어 온 빛:나전칠기』, 국립중앙박물관, 2006.

국립진주박물관,『2013년 특별전 통영』, 국립진주박물관, 2013.

김 준,『나전칠기 문화상품의 사례와 발전방향 연구』, 한국전통문화대학교 전통미술공예학과, 2013.

김나현,『전통공예분야 문화산업정책의 대안 모색 : 융복합 정책을 중심으로』, 석사학위논문, 고려대학교, 2013.

유문두,『통영나전칠기의 활성화 방안 연구』, 석사학위논문, 경남대학교, 2006.

이현경,『장신구를 중심으로 한 옻칠 상품개발에 관한 연구』, 석사학위논문, 숙명여자대학교, 2008.

재단법인 민족문화추진회,『(국역)신증동국여지승람』제4집 제32권, 민족문화문고간행회, 1969.

전은정,『옻칠공예의 지역 특화를 통한 활성화 방안 연구 : 원주 옻칠 공예 산업 중심으로』, 석사학위논문, 중앙대학교, 2006.

조정환,『현대생활공예 문화산업의 발전방안에 관한 연구』, 석사학위논문, 연세대학교, 2008.

차선미,『전통공예기술의 디자인 상품 개발 방안에 관한 연구 : 우리나라 공예 산업진흥을 위한 한 일 정책 비교 연구를 중심으로』석사학위논문, 중앙대학교, 2001.

이형만, 네이버캐스트 : http://navercast.naver.com/contents.nhn?rid=92&contents_id=7242, 14.04.19

일본 전통 공예 쇼핑몰 : http://www.japansquare.com/kr/craft/product.asp?shocd=W02390R1, 14.04.19

은병수, Design Issue Report 01, 아시아 디자인의 글로벌 마켓 성공 사례,

2010, P17-18, 14.04.19

월간디자인 2010년 6월호 :

http://mdesign.design.co.kr/in_magazine/sub.html?at=view&info_
id=52390&c_id=00010001, 14.04.19

주류저널, 2009년 9월호 :

http://www.liquorjournal.com/swtools/board.php?-
mode=view&tableID=interview&idx=102&page=5&start=&in_
mode=&subject=&keyword=, 14.04.19

통영옻칠미술관 공식 홈페이지:

http://www.ottchil.org/, 2014.04.19

후쿠이현 나이프 빌리지 공식홈페이지

: http://www.takefu-knifevillage.jp/hanbai.html, 14.04.1

---

1   원문-'칠(漆)'과 관련된 유물 중 가장 오래된 것은 충남 아산 남성리 석관묘 유적
에서 출토된 옻칠 조각들이다. 이 옻칠 조각은 평양 부근에 형성된 한사군의 하나인 낙
랑(기원전 108~ 기원후 313)의 칠기와 다른 성분으로 밝혀져 기원전 4세기경 한반도에
독자적인 칠기 제작 환경이 조성되었음을 알려준다.

THEME 4

재생의 꿈을 그리다 : 통영 벽화마을

현대화라는 이름 아래 사라져 가는 것들과 잊혀져 가는 것들이 있다.

　하지만 우리는 새로운 아이디어와 새로운 시도로써 그 사라져 갈 것들을 다시 붙잡을 수 있고, 잊혀지지 않게 만들 수 있다. 자세히 보고 오래 보면 예쁠, 우리 모두가 어여쁜 사회, 더불어 아름다운 사회를 만들어 가는 작은 마을이 있다. 이름도 어여쁜 동피랑 벽화마을을 만나보자.

벽화로 마을 재발견

동피랑, 벽화로 다시 태어나다

지역문화라는 말은 어느새 우리에게 가장 자주 듣고 보게 되는 개념이 되었다. 한 가지 이유는 정부의 '문화융성 정책'에서 찾을 수 있다. 이는 국민들의 생활 속에서 직접적으로 향유할 수 있는 문화를 지향한다. 개개인의 문화 참여를 활성화시키기 위해 지역문화 중심으로 문화정책이 이루어져야 한다는 것이다.

지역은 지역주민들이라는 구성원에 의해 이루어진 마을 공동체이다. 지역적 특색에 따라 지역주민들의 삶의 방식이나 사고방식이 다르다. 문화정책이 개인의 생활 속에 직접적으로 향유할 수 있는 문화로 방향이 바뀌었다면, 국민들 개개인의 삶의 방식이나 사고방식을 적립시키는 지역문화라는 이해가 충실하게 이루어져야 한다.

따라서 통영 동피랑 벽화마을과 국내 외 여러 벽화마을에 대한 다양한 시각에서의 비교를 통해, 그 지역이 가지고 있는 정체성이 문화마을 사업에 어떻게 적용되었는지 살펴본다.

비 내리는 동피랑, 봄은 갈지 자 걸음으로 오다

동피랑이라는 이름은 '동쪽에 있는 벼랑'이라는 뜻을 가진 통영지역 방언에서 유래되었다고 한다. 그리고 보니 중앙시장을 끼고 동피랑과 마주 선 마을 이름이 서피랑이다. 벽화마을로 알려진 동피랑에 비해 벽화 한 점 없이 담벼락과 건물을 깨끗하게 칠한 모습이 정갈한 모습을 가진 영락없는 7~80년대 농어촌 지역에서 흔하게 보던 부락의 모습이다.

　　동피랑 마을을 오르자니 해방 후부터 벼랑 끝에 매달려 낮은 집을 짓고 살았을 사람들의 고단함이 엿보인다. 1872년 그려진 통영시의 옛 지도에도 통영읍성 동암문 동쪽으로 자리한 가옥들로 봐서 그 이전부터 사람이 살았을 것으로 짐작이 되어 진다. 민초들의 삶이라야 100년 전이나 지금이나 달라질 것은 없는 처지, 새벽을 깨우며 동피랑 절벽 집을 나서 항구로 향했을 이들의 발걸음이 짐작되고도 남는다. 동피랑의 마을 형성을 통영시에서는 일제 강점기 통영항과 중앙시장에서 인부로 일하던 이들이 모여 살면서 만들어졌다고 한다.

그림 1. 1872년 통영시 옛 지도

그림 2. 동피랑의 현재 모습

　　그 이전에는 인근의 세병관과 동피랑 마을 정상부에 자리한 동포루와 서피랑 마을 정상부의 서포루, 마을 북쪽의 북포루 등과 함

께 군사시설로 묶여 군대가 주둔하던 곳이라 민가가 함께 있기는
어려웠을 것으로 짐작되어 진다.

　이렇듯 동피랑 마을의 형성이 도시계획에 의해 만들어지지 않고
부두 하역민들이나 어렵게 살아가던 사람들이 군사시설인 동포루
아래 쪽 절벽에 필요에 따라 집을 짓고 살아가면서 자연 발생적이고
필요에 의한 성장을 통해 자연스러운 모습을 보인다는 특징을 갖
고 있다. 골목 끝을 예상할 수 없는 길을 따라 양 옆으로 타고 가는
벽화의 자연스러움과 낮은 집에 기대어 살아가는 사람들 마냥 순수
하기 그지없다.

민선 자치단체, 동피랑마을을 정비하다

동피랑 마을은 민선자치단체장이 들어서면서 통영시를 문화관광의
도시로 육성한다는 취지와 함께 동피랑에 산재한 80여 가옥 중에서
23가옥을 철거하고 동포루 누각을 공원화 한다는 계획을 추진하
게 된다. 충무공 이순신의 유적지가 많이 산재한 통영시의 입장에서
는 세병관과 동포루, 서포루 북포루, 충렬사, 착량묘, 당포성지, 한
산섬을 잇는 테마관광지로 부각하기 위한 목적에서 추진했다.

　그러나 주민들의 입장에서는 얼마 되지 않는 보상금을 받고 이
주하게 되면 고향을 버리고 통영시에서 더 떨어진 시골이나 섬으로
이주하거나 도시에 남더라도 남의 집에 얹혀살아야 할 처지에 놓이
게 되는 것이다. 이 때 나선 것이 시민들로 구성된 '푸른 통영 21'이
라는 시민단체이다.

　'푸른 통영 21'은 2007년 당시 민선 시장에게서 마을 철거를 1
년 유예하는 대신에 벼랑 끝에 선 마을이라는 마을 특성을 살려낸
벽화마을을 구상하고 추진하게 된다. '통영 동피랑 벽화마을'이 탄

생하게 된 것이다.

그림 3. 통영시 문화관광 안내도

그림 4. 동피랑 마을 안내도

색과 그림이 있는 골목으로

통영 벽화마을 조성사업은 2007년 10월 16일부터 31일까지 일주일 간 '제 1회 색과 그림이 있는 골목, 통영의 망루 동피랑을 찾아서'라 는 주제로 통영시지역혁신위원회가 주최하고 통영 RCE(유엔 지속 가능발전교육 통영전문센터)와 푸른통영 21에서 주관했다. 총 3천 만원이 예산이 소요된 이 사업에는 미술대학 학생과 일반인 등 19개 팀이 참가했으며 대상 1팀에 300만원의 상금이 주어졌다.

제 1차 벽화공모전 이후 벽화를 그리러 오는 미술가의 발걸음 이 이어졌고 지역 방송과 언론에서 동피랑 벽화마을을 알리기 시작 하면서 동피랑 벽화마을이 하나의 콘텐츠로 발전할 수 있는 가능성 을 보였다. 민선 자치단체장도 당초 24가옥을 철거하여 공원을 조 성하려는 계획을 철수하고 마을 정상부에 위치한 동포루 주변 3가 옥만 철거하여 동포루 주변을 정비하면서 마을과 연계가 되는 관광 지로 육성하기에 이른다. 가옥 2채도 정비하여 한 채는 마을 주민들을 위한 구판장으로 활용하고, 한 채는 쌈지교육 전시장으로 단장했다.

이듬해인 2008년 6월부터 푸른통영 21과 지역 방송국이 나서서 동피랑 마을 벽화 보충사업을 펴고 10월부터 1, 2차에 걸쳐 동피랑 초대작가전을 열기도 한다. 이 초대전이 갖는 의미는 자못 크다. 그동안 통영 동피랑 마을에 살아가는 사람들은 60대를 넘은 독거노인이 대부분이어서 벽화마을에 대한 인식이 낮았던 것이 현실이다. 그러나 벽화마을이 전국적으로 알려지고 마을에서 유명화가의 전시회가 열리면서 지역민들의 의식이 변화되기 시작했다.

동피랑이 있는 동호리 마을사람들, 인근의 중앙시장과 활어시장, 동피랑 마을 사람들이 나서서 세 곳을 연결하는 동선을 벽화로 연결하는 작업이 주민들의 요구로 시작되었다. 지금의 활어시장을 지나 동피랑으로 이어지는 갈지자(之) 고갯길이 벽화로 들어서게 되었다.

그림 5, 6. 활어시장에서 동피랑 마을로 이어지는 고갯길 마을입구 벽화

제2차 벽화공모전 형식으로 진행된 동피랑 벽화그리기는 2010년 4월 3일부터 11일까지 '동피랑 블루스'라는 주제로 열린다. 1차 벽화공모전에 19개 팀이 참여한 것에 비해 42개 팀이 참여하는 전

국 규모의 대회로 성장하게 된다. 참여를 희망하는 이들은 10대부터 60대까지 폭넓은 연령층과 학생, 미술전공자, 화가들은 물론 대기업 홍보팀과 음악전공자, 지역 언론사, 외국인, 주부에 이르기까지 다양한 직업군의 사람들이 신청했다. 비로소 동피랑 벽화마을을 전국구 벽화마을로 알려지게 한 계기가 된 것이다.

지금의 마을 벽화는 2012년에 조성된 것이다. 동피랑 마을은 2년 단위로 공모전을 개최하여 새로운 벽화를 그리고, 관광객들이 다시 찾아오도록 유도하고 있다.

그림 7,8,9. 동피랑 마을 골목길과 벽화

동피랑 가락에 취하다

통영시는 벽화 공모전에 이어 동피랑 마을 빈집이나 이주를 희망하는 사람들의 집을 리모델링하여 예술가들에게 저렴한 가격으로 임대하는 사업을 전개했다. '동피랑 재발견'이라는 이 사업은 통영시가 주거환경개선사업으로 문학과 예술을 접목한다는 취지로 추진한 것이다.

그림 10, 11. 마을 정상부 동포루와 동포루를 찾은 관광객

동피랑은 예술인들에게 주택 임대 외에도 주민들과 관광객이 함께 쉴 수 있는 쌈지공원과 관광객들이 체험할 수 있는 쌈지교육장도 문을 열게 된다. 쌈지교육장은 지역 어르신들이 자발적으로 참여할 수 있는 문화를 조성하기 위해 솟대 만들기, 화단 만들기 등의 사업은 물론 동피랑 옛 이야기 듣기와 핸드페인팅을 하여 벽화에 참여할 수 있는 기회도 제공하고 있다.

주민들의 참여는 여기서 그치지 않고 마을주민들이 참여한 조합 형태의 공동구판장을 운영하고 있다. 구판장은 마을 주민들이 공동으로 운영하고, 얻어지는 수익금은 마을 상하수도 요금과 전기세 등에 지원할 예정이며 어려운 가정을 위해 쌀과 부식을 지원하기로 했다.

주민들의 적극적인 참여는 벽화를 위한 담장 허용 가옥에서도 나타난다. 2007년 처음 계획 당시 90여 가옥 중에서 19가옥에서 2010년 42가옥으로 늘어나고, 2012년 전 국민을 대상으로 하는 공모전에는 약 80가옥이 참여하는 적극적인 참여 의식을 보여주었다. 금년(2014년) 전 세계를 대상으로 진행되는 벽화공모페스티벌에는 더 많은 주민들의 참여가 기대되는 상황이다.

찾아서 국내외 벽화마을을

우리나라에서 벽화가 나타나기 시작한 것은 1980년대 초반이다. 당시에는 지역사회나 도시 환경미화를 위한 환경벽화이며, 1990년대 중반에 이르러 보다 진전된 의미의 공공미술개념의 벽화가 나타나기 시작한다. 본격적으로 벽화마을이 등장한 것은 2006년부터 정부의 공공디자인, 공공미술사업과 민간활동 형태로 진행되었다.

2006년부터 우리나라에서 정부나 자치단체가 주도적으로 벽화마을을 조성한 것은 동피랑 마을 외에도 서울의 이화동과 월하리 벽화마을의 사례가 있다. 행궁동과 홍대 앞 벽화마을은 주민들과 지차체가 함께 조성한 경우이다. 이 가운데 주민들의 참여도는 행궁동 사례만 주민들이 적극적으로 추진한 반면 나머지 지역은 주민들의 반응은 소극적이었다.

이번 답사를 기회로 국내외 벽화마을 중에서 형성 배경이 도시재생운동 차원이거나 마을 구성원이 60대 이상 노인마을로 구성되거나, 바다를 인접하고 있는 벽화마을과 통영 통피랑 벽화마을의 벽화콘텐츠를 비교하고 벽화콘텐츠가 당초 마을 재생에 어떤 기여를 하고 있으며 지역에 어떤 파급효과를 가져왔는지에 대해 알아보기로 한다. 더불어 벽화콘텐츠의 발전 가능성과 연계 가능한 사업과 활성화 방안에 대해 알아본다.

벽화마을의 유래

현대 벽화의 개념은 1920년대 멕시코의 혁명 시 벽화운동에서 시작된다. 이어 1930년대 미국의 대공황기 뉴딜운동을 거쳐 세계적으로 확산되었다. 멕시코의 벽화운동은 1920년대 오레곤 행정부가 시작되면서 당시 문교장관인 바스콘셀로스가 구상하고 리베라, 시케이로스, 오르츠크 등 3인의 거장과 많은 미술가들이 참여해 진행된 미술운동이다.

　미국의 뉴딜벽화운동은 1930년대 대공황기 경제적으로 어려운 상황을 타개하기 위해 루즈벨트 정부의 정책으로 추진된 뉴딜정책에 포함된 예술지원프로그램이다. 미국 공공미술의 효시라고 할 수 있는 뉴딜벽화운동으로 1933년과 1934년 사이에 약 4천여 점의 벽화가 그려지고 1만4천여 점의 조각품이 제작, 설치되었다.

　한편 2014년 4월 13일 남미의 칠레의 수도 산티아고에서 북서쪽으로 120km 떨어진 항구도시 발파라이소에서 대형 산불이 일어나 16명이 사망하고 가옥 500여 채가 불타는 사건이 있었다. 피해가 가장 큰 곳은 산티아고에서 가장 가난한 이들이 많이 살아가는 마을이다. 산불로 마을이 거의 전소되다시피 한 이 마을은 벽화마을로 유명한 발파라이소이다. 강렬한 원색을 사랑하는 남미 원주민들의 취향을 큰 산등성이를 가득 메운 주택 전체를 원색계열의 벽화로 총 천연색의 향연과 같은 아름다운 풍관으로 전 세계의 많은 이들의 사랑을 받아 오던 곳이었다.

　남미 특유의 종교관과 세계관을 보여주는 발라파이소 마을의 이번 산불로 잿더미가 되어 많은 이들을 안타까움을 주고 있다.

우리나라의 벽화마을

통영 동피랑 마을은 서울 이화마을·삼청동일대·홍제동 개미마을·청주 수암골·대전 대동 하늘마을·부산 안창마을·문현동 안동네·경주 읍천 마을과 같은 '벽화마을'로 알려져 있다. 이 벽화마을들은 대개 높은 지대에 있거나 재개발 지역이라는 공통점을 지니고 있다. 동피랑 마을이나 감천 마을 등 몇몇 벽화마을이 사람들의 발길을 끌면서 지자체에서는 마을 활성화를 위한 공공예술의 일환으로 앞 다투어 벽화마을을 기획했다. 앞서 언급한 벽화마을들도 이러한 과정에서 생겨난 것이며, 현재도 계속 기획되고 있다.

1. 대구 마비정 마을

동피랑과 마비정의 이야기 따라

두 마을은 벽화마을이라는 공통점을 가지고 있지만, 그 주위환경은 차이를 보인다. 특히 동피랑이 대개의 벽화마을과 같이 언덕에 위치하고 있다면, 마비정은 완만한 곳에 위치한 시골마을이다. 또 동피랑은 마을의 모든 건물이 시멘트벽으로 되어있는 것에 비해, 마비정은 흙벽인 곳도 잘 보존되어 있다. 이렇게 극명한 차이를 보이는 주변환경과 같이 두 마을의 유래도 다음과 같이 차이가 난다.

동피랑은 통영 방언으로 '동쪽 언덕'이라는 의미다. 맞은편의 서피랑과 대칭되는 명칭인데, 과거 이순신(李舜臣) 장군이 설치한 통제영(統制營)의 동포루가 있었던 곳이다. 반면 마비정은 다음과 같이 이야기 형식의 유래가 남아있다.

'먼 옛날 이 마을에 하루에 천리를 달리는 비무라는 숫말과 백희라는 암말이 대나무숲에 집을 짓고 살고 있었는데, 어느 날 백희만 남은 사이 전쟁터로 떠나는 마고담이라는 장수가 천리마를 구하기 위해 갔다가 백희를 비무로 착각하고 화살을 쏘아 그보다 더 빨리 달릴 수 있는지 시험하였다. 그러나 백희는 화살을 따라잡을 수 없었고 결국 마고담에 의해 죽었다. 이후 마고담은 잘못을 빌고자 그곳에 정자를 짓고 일생을 마쳤는데, 그 정자가 마비정(馬飛亭)이다. 이후 이 마을이 마비정으로 불리게 되었다.'

이와 같이 동피랑의 유래와 달리 마비정의 유래는 뚜렷한 서사구조를 지닌 이야기 형식을 띠고 있다. 흔히 설화 또는 민담이라고 부르는 형태이다. 이런 이야기를 가지고 있음에도 불구하고 벽화는 물론 상품화는 제대로 이루어지지 않고 있는데, 이는 동피랑 마을 주민의 말에서 그 이유를 추론해 볼 수 있을 듯하다. 동피랑 마을에서 만난 주민에게 현재 마을의 참여도와 상황을 물었는데, '조금씩 참여하는 사람들이 늘긴 했지만, 모두 참여하는 것은 아니다. 마을 공동 회관에서 상품도 판매하고 있지만 각자 생업이 있어 날씨가 좋지 않을 때는 간혹 문을 닫아놓기도 한다'라고 대답해 주었다.

마비정 마을 역시 동피랑의 사정과 유사할 것이다. 다만 거기에 덧붙여서 흙벽을 유지하고 있는 가구가 많다는 것과 주민 대다수가 고령자라는 요소가 덧붙여져야 할 것이다. 그러나 동피랑 마을은 지자체의 지속적인 벽화 콘텐츠 지원과 상품 개발 등의 지속적인 지원이 이루어지고 있지만, 마비정 마을은 벽화마을이 되었다는 언론 홍보 외에는 어떤 지원이 이루어지고 있는지도 찾을 수 없었다. 이런 상태가 지속된다면, 마비정 마을은 동피랑 마을의 사례와 비교하여 지자체의 선전용 공공예술이라는 비난을 피하기 어려울 것이다.

동피랑과 마비정도 식후경

통영은 예로부터 어업 종사자가 많아 더운 날씨에 쉬이 상하지 않도록 고안한 충무김밥과 바다에서 나는 풍부한 해산물, 최근 각종 방송매체를 타고 알려진 꿀빵 등으로 유명하다.

마비정 마을이 위치한 부산은 '1박 2일'이라는 방송 프로그램으로 널리 알려진 물떡, 비빔당면, 씨앗호떡 등과 예전부터 유명했던 어묵으로 미식가들을 사로잡은 도시이다. 맛도 맛이지만, 지속적인 관심으로 인해 그 음식들은 계속 새로운 이야기를 덧붙여 나가며 관광객을 유혹하고 있다. 그러나 이야기를 듣고 온 관광객들이 그 음식을 즐기기 위해서는 지속적으로 관리되어야 할 요소들이 있다.

첫째로 음식에의 접근성을 들 수 있다. 아무리 그 지역에서 나는 음식이라고 해도 도보거리가 멀리 떨어져 있거나, 가격이 높으면 음식에 접근하는 것이 쉽지 않다. 구매자의 손에 닿지 않는 음식은 곧 구매자의 발길이 끊어지기 마련이다.

둘째로 음식의 질을 들 수 있다. 접근성이 좋고 입소문을 탄 음식이라고 해도, 그 질이 보장되지 않으면 구매자는 그 음식에게서 멀어질 수밖에 없다. 요즘은 특히 많은 종류의 상품들이 범람하고 있기 때문에, 홍보와 동시에 질을 유지하는 것이 중요하다.

마지막으로 음식과 관련된 재미있는 이야기를 발굴해 브랜드 마케팅으로 활용하는 것이다. 현재 이와 관련하여 '향토음식' 이야기를 각 지자체 및 관련단체에서 발굴하여 그 활용방안을 연구하고 있다. 앞서 말한 것과 같이 음식이 범람하는 시기이기도 하지만, 관광사업이 대두되면서 향토음식과 연계된 관광으로 부가적인 이익을 내고자 하기 때문이다.

위의 세가지 요소로 동피랑 마을과 마비정 마을을 각각 비교해 보았을 때, 음식의 접근성 부분은 동피랑 마을이 앞선다고 할 수 있다. 바로 아래에 중앙시장이 위치하고 있어 각종 해산물은 물론 꿀빵까지 쉽게 접할 수 있기 때문이다. 다음으로 음식의 질인데, 이 부분에서 염려되는 것은 통영 꿀빵이다. 근래 언론 매체에 노출된 꿀빵의 유명세를 노리고 기존에 빵집이었던 업체가 꿀빵가게로 둔갑하거나, 마진율이 높은 타 지역산 꿀빵을 판매하는 곳이 급증했기 때문이다. (이 부분에 대해서는 시급하게 해결될 필요성이 있다.) 마지막으로 음식과 관련된 재미있는 이야기를 발굴해 브랜드 마케팅으로 활용하는 것인데, 이 부분은 동피랑 마을이나 마비정 마을 둘 다 개발해야 할 부분이라고 할 수 있다.

벽화마을이라는 공통점만 존재할 뿐, 두 마을은 배경이나 위치 그리고 지리환경 등에서 고유한 특성을 가지고 있는 곳이었다. 이런 각각의 특성을 가지고 있는 마을이 벽화마을이라는 테두리에 갇혀있다는 것은 전시행정의 폐해라고 할 수 있을 것이다. 그러나 이미 벽화마을로서 마을이 꾸며진 이상, 지자체의 꾸준한 노력이 지속되어야 마을의 이익은 물론이고 주민 만족도를 높이는 일이라고 할 수 있다. 그러기 위해서는 지금과 같은 언론 홍보를 지속하는 것도 중요하지만, 우선 그 마을의 특성이라고 할 수 있는 유래 등 이야기 요소를 먼저 파악하고 그에 따른 개발과 콘텐츠 수립이 우선되어야 한다는 것을 볼 수 있었다.

2. 청주 수암골 마을

드라마의 인기, 마을로 사람들이 찾아오다

그림 12. 수암골 벽화마을 위치

청주 수암골은 1970~1980년대 달동네의 모습을 간직하고 있는 동네이다. 이곳은 한국전쟁 당시 울산의 23육군병원 앞에 살고 있던 피란민들이 청주로 이주하면서 생겨났다. 흙으로 벽돌을 짜 집을 만들었으며, 70년대 이후 주택 개량화 사업이 진행되면서 담을 올리고 지붕을 슬레이트로 바꾼 것 이외에는 이전의 모습을 가지고 있다.

수암골이 사람들의 입에 오르내리기 시작한 것은 2007년에 공공미술 프로젝트 사업의 일환으로 서민들의 생활 모습을 담은 '추억의 골목여행'이라는 주제로 벽화가 그려진 후였다. 이후 2009년과 2010년에 방영한 드라마 '카인과 아벨', '제빵왕 김탁구'의 열기와 함께 수암골을 찾는 방문객은 급격히 증가하였다. 또한 수암골에는 벽화마을과 더불어 다양한 체험프로그램 경험할 수 있는 장소가 많이 있다. 충북의 많은 예술가들이 수암골에 모여 '수암골 예술촌'이 조성되었다. 수암골 예술촌은 폐가 재활용프로젝트의 일환으로 조성되었으며 관광객들에게 볼거리와 즐길거리 살거리를 제공하고 있다.

친절한 안내센터

수암골에 있는 안내센터는 1곳으로 수암골 벽화마을 입구에 위치해 있다. 안내센터에는 마을 주민이 상주하고 있으며 수암골 안내와 더불어 안내책자를 배포한다. 안내센터에 계신 마을 주민들은 방문객에게 매우 친절히 대하며, 주변 상가 이용을 권하는 등 일체의 호객 행위를 하지 않는다. 또한 안내센터의 주민들은 방문객에게 방명록 작성을 권유하는데, 이는 방문객 집계를 수월하게 하기 위한 것으로 볼 수 있다.

수암골은 좁은 골목길을 지나 비탈길을 올라가야하기 때문에 표지판이 없이는 찾아가기 굉장히 어렵다. 이를 해결하기 위해 여러 형태의 표지판이 설치되어있다. 청주로 들어오는 고속도로 출구부터 시작해 교통량이 가장 많은 구간에도 수암골을 향한 안내 표지판이 있다. 수암골에 가까워지면 작은 표지판들이 더 많이 등장한다. 다만 이 표지판들은 '수암골 벽화마을' 보다는 드라마 제목을 부각시켜 놓은 점이 아쉽다.

전망 좋은 카페, 시내가 한눈에 보이다

방문객의 수가 적었던 초기에는 편의시설이 굉장히 부족했다. 가장 기본적인 화장실과 식수를 해결할 수 없을 정도였다. 언덕길을 오르면서 관람해야 함에도 앉아서 쉴 수 있는 벤치 또한 마련되어있지 않았다.

　이후 드라마의 영향과 사람들의 입소문이 퍼져나간 뒤 벽화마을 입구에 공중 화장실을 설치하였고, 청주 시내를 한 눈에 확인할 수 있는 전망대도 설치하였다.

　더불어 카페들이 우후죽순 들어섰다. 카페는 벽화마을과 약간 떨어진 전망대 부근에 밀집되어 있다. 약간 높은 곳에 있기 때문에 전망대만큼 청주 시내를 내려다 볼 수 있어 사람들이 많이 찾는 편이다. 수암골 벽화마을을 방문했던 방문객들은 경치가 좋은 카페를 많이 찾고 있다.

　수암골 벽화마을의 시작점이자 마실 물과 여러 간식을 살 수 있는 곳은 '삼충상회' 뿐이다. 삼충상회는 달동네가 형성된 후부터 지금까지 마을 주민들의 사랑을 받고 있다. 그러나 방문객들에게는 약간의 아쉬움이 남을 수 있다.

추억 속 골목 여행을 벽화에 담다

현재 수암골 벽화마을은 1970~1980년대 달동네의 모습을 그대로 담고 있다. 2007년 공공미술 프로젝트의 일환으로 서민들의 생활 모습을 주제로 벽화를 그리기 시작했다. 이 벽화들의 컨셉은 '추억의 골목여행'이다. 수암골의 운영은 사단법인 '수암골 예술촌'이 맡고 있다. 청주 시청에서는 예산 일부 지원 및 홍보 등을 담당하고 있으며 적극적인 관여는 하지 않고 있는 것으로 청주시청 관계자와의 통화를 통해 알 수 있었다. 수암골 예술촌의 박효영 촌장과는 연락이 닿질 않아 구체적인 내용은 확인 할 수 없었다.

　수암골에서는 벽화마을 관람, 수암골 예술촌과 드라마 촬영지 체험을 할 수 있다. 이 중에서 사람들이 가장 많이 찾는 목적은 벽화마을 관람이다. 벽화마을에는 아이부터 노인까지 그들의 삶의 모습을 담고 있다. 어린아이들이 뛰어노는 모습, 한 가족의 모습, 할머니와 아이가 함께한 모습을 해학적으로 표현하였다. 또한 서민들의 삶의 모습뿐만 아니라 동화의 한 장면, 풍경 등도 함께 그렸으며, 시민들이 그려놓은 그림들도 볼 수 있다.

벽화 중에는 시민들이 직접 참여하여 그린 그림도 이곳저곳에서 쉽게 볼 수 있다. 시민 참여는 수암골 예술촌에서 2~3개의 체험프로그램을 진행한 후 인솔 작가를 따라 그리는 방식으로 진행이 된다. 더불어 벽화마을에서는 한 가지 테마를 선정하여 작품전을 진행하기도 한다. 예술촌의 예술가들뿐만 아니라 전국의 예술가들이 참여한다.

그림 13. 수암골 예술촌 체험 장소 지도

드라마 촬영지의 경우 드라마 '제빵왕 김탁구'의 촬영 세트인 '팔봉 제빵점'과 영광의 재인 촬영 세트인 '영광이네' 가 있다. 두 곳모두 현재 영업을 하고 있으며 직접 빵을 만들어 팔고 있다. 당시 드라마에서 유행했던 빵을 팔고 있고 '영광이네' 역시 유명세를 탄 국수를 팔고 있다. 방문객들은 영광이네에서 국수로 식사를 하고 팔봉 제빵점에서 후식으로 빵을 먹는 것을 기본 코스로 하기도 한다.

다양한 체험 프로그램으로 마을에 생기를 얻다

수암골은 벽화가 매우 아름다운 마을이다. 공공미술 프로젝트가 시작되면서 생기를 잃은 달동네가 다시 회복되기 시작하였다. 물론 벽화가 그려진 직후에는 인지도가 낮았지만, 수암골에서 촬영한 드라마의 인기 덕분에 굉장히 많은 사람들이 찾는 마을이 되었다. 지금은 초창기에 불었던 열풍만큼은 아니나, 꾸준히 사람들의 사랑을 받고 있는 청주의 관광명소가 되었다.

동피랑 마을과 비교해 보았을 때 수암골 벽화마을의 가장 큰 특징은 체험프로그램이 다양하다는 점이다. 이 체험프로그램들은 수암골 예술촌에서 담당하고 있으며 예술촌에 가입된 작가들이 직접 참여하는 형태를 하고 있다.

현재 수암골에서는 총 16명의 예술가와 2곳의 식당이 각각 자신들의 재능을 살려 관광객들을 대상으로 체험프로그램을 진행 중이다. 그림부터 시작하여 전통다례 전통놀이 유리 및 목공예 사진 등의 프로그램과 음식과 관련된 비빔밥 및 막국수 개발, 바리스타 교육, 제빵 등의 프로그램이 있다.

수암골 예술촌에서 미술(서양화)체험을 담당하고 있는 황병훈 작가와 통화를 한 결과 작년 기준 3개의 학교가 체험프로그램에 참가하였으며, 올해는 체험을 신청한 개인 및 단체는 없었다. 또한 개인적으로 참여할 수는 있으나 미리 예약을 해야 하며 작가별로 운영하는 날짜가 다르기 때문에 유의하여야 한다. 참가비는 프로그램별로 5,000원~10,000원으로 책정되어 있으며 제빵 체험의 경우

80,000원에 육박하는 비용이 들기도 한다.

3. 부산 감천 문화마을

부산 감천마을 역시 벽화마을로 유명세를 타고 있는 곳이다. 해안가 벽화마을이라는 공통점을 갖고 있는 동피랑마을과 감천마을의 역사적 배경 및 지리적 배경을 통해 공간적 특수성을 먼저 살펴보고, 문화마을 사업을 통해 이루어진 현재의 공간적 상황을 살펴봄으로써 각 지역의 공간적 특수성이 어떻게 문화마을 사업에 적용되었는지 살펴보도록 하겠다.

부산 감천 문화마을의 행정적 명칭은 감천 2동이다. 감천 2동은 2013년 3월 기준 인구수 9,575명으로 구성되어 있으며, 40대 이상의 인구 비율이 월등히 높은 마을이다. 2009년 예술작가들과 마을주민들이 뜻을 모아 문화체육관광부가 주최하는 마을미술프로젝트 공모사업에 응모하여 국비 1억 원을 지원받아 지역 예술인과 마을주민들이 함께 공간조형 작품 10점을 설치한 것이 계기가 되어 문화마을 조성사업이 시작되었다.

마을 밖에서 마을을 보다

통영 동피랑이 구릉 지대위에 위치하여, 사방지대를 모두 살필 수 있는 지리적 특성이 있다면, 부산 감천 문화마을의 경우 천마산 아래 반달고개를 따라 바다를 향해 뻗어있는 급경사 고지대에 계단형태로 다닥다닥 순차적으로 위치해 있다. 이러한 지리적 특색으로 인해 통영 동피랑 마을은 마을 안에서 밖으로 향하는 전망대가 구성된 반면, 부산 감천 마을은 마을 밖에서 마을 전체 전경을 전망할 수 있는 형태로 구성되어 있다.

표 1. 동피랑(좌)과 감천마을(우) 지리적 환경 비교 (네이버 지도 활용)

한국전쟁, 비극이 만들어낸 종교 마을

통영 동피랑 마을은 왜적의 침입을 살피기 위한 군사시설인 동포루의 역할로써 위치한 구릉형태의 지대에 1960-70년 조선업의 성장으로 많은 사람들이 들어오면서 가난한 사람들이 동포루 아래 쪽 절벽에 필요에 따라 집을 짓고 살아가면서 부락 형성이 되었다. 이와 달리 감천 문화마을은 사천 여 명의 태극도라는 신도들이 이 반달고개 주변에 모여 집단촌을 만들었는데, 이 태극도 신앙촌이 중심이 되어 1958년 현재의 감천 2동이 만들어졌다. 동피랑이 조선시대의 통영을 간직하고 있다면, 감천동은 한국전쟁 당시 힘겨운 민족 근현대사의 흔적과 기록을 그대로 간직하고 있다.

통영 동피랑의 경우 꼭대기에 위치한 동포루를 중심으로 사방으로 뻗어진 형태의 공간이 구성되어 있으며, 부산 감천 문화마을은 산복도로의 역사성과 특색이 살아있는 공간으로 구성되어 있다. 옥녀봉에서 천마산에 이르는 산자락을 따라 질서 정연하게 늘어선 독특한 계단식 집단 주거형태는 감천동만의 독특한 장소성을 보여주고 있다. 이렇게 계단형태로 이루어진 집들은 다른 집들의 시야를 가리지 않는 형태의 크기로 이루어져 있어 어느 곳에서건 앞바다의 전경을 크게 바라볼 수 있다.

표2. 동피랑과 감천마을 유래 비교(부산 감천 문화마을 공식카페 사진 활용)

통영 동피랑 벽화마을	부산 감천 문화마을
2013년 군사시설 동포루 (복원)모습	1957년 당시 태극도 이민자의 집단 거주지

동피랑마을과 감천마을의 콘텐츠 구성을 보면 통영 동피랑의 경우 마을의 골목길을 중심으로 미술 프로젝트가 이루어지고 있는 반면에 부산 감천의 경우 골목길 이외에도 마을의 빈집을 활용한 문화 프로젝트가 동시에 이루어지고 있었다.

표3. 벽화 콘텐츠 구성 비교

통영 동피랑 벽화마을		부산 감천 문화마을	
주체	프로그램	주체	프로그램
문화예술인 중심	벽화 공모전	문화예술인 중심	'꿈을 꾸는 부산의 마추픽추 프로젝트' (2009)
	동피랑 초대작가전		'미로미로 프로젝트' (2010)
	문화예술인 창작 입주 시설 제공		문화예술인 창작 입주 시설 제공
		주민 중심	골목축제

　　마을 모두 마을 주민이 중심이 된 조합원이 구성되어, 각 마을의 큰 일을 공동으로 운영하는 등의 노력이 이루어지고 있었다. 그러나, 문화 활동이 직접적으로 지역민들에 의해 자발적으로 이루어지는 형태로는 통영 동피랑 벽화마을이 아직 부족한 상태였다. 감천 문화마을의 경우 자치단체와 같은 기관에 의해 이루어진 프로젝트 이외에도 그 마을 주민이 중심이 된 축제, 기자단 등이 스스로 그들만의 문화 활동을 창출하는 반면, 통영 동피랑의 경우, 마을 자체의 문화공간은 구성해놓았지만, 실질적으로 그 마을 주민이 문화활동을 누리거나 창출해내지 못하고 있는 상황이었다. 문화마을 사업이라면, 마을만 문화공간으로 조성해놓는 문제가 아니라, 직접적으로 그 마을 주민이 주체가 돼서 문화활동을 누려야하는 것이 첫 번째이지 않을까.

슈메이너스

캐나다 동피랑,

인디언 원주민의 문화가 어우러진 마을, 캐나다 슈메이너스

철거 위기에 놓였던 동피랑이 벽화사업으로 전화위복(轉禍爲福)된 것과 같은 운명을 지닌 마을이 태평양 건너에도 있다. 바로 캐나다의 브리티시 컬럼비아주 벤쿠버 섬 남동부의 빅토리아와 나나이모 사이에 위치한 작은 동네인 슈메이너스이다. 주변의 풍부한 산림자원과 천연항구가 있는 곳으로 목재산업이 융성했던 곳이었다. 이후 철도건설로 동양인들이, 광산개발로 유럽인들이 유입되면서 기존에 기거하던 '사미니즈(Tsameenis)' 인디언 원주민들과 함께 독특한 문화를 이루며 어우러져 살았다. 그러나 1980년대 산림고갈로 인한 목재산업의 쇠락으로 주민들은 일자리를 잃고 마을을 떠났고, 마을은 존폐의 위기를 맞게 되었다.

주민들은 마을을 살리기 위해 대책을 논의했고, 루마니아 출신의 칼 슐츠가 벽화를 제안했다. 의견은 받아들여졌고 시청의 도움을 받아서 사업을 시작했다. 1982년 처음 5점의 벽화를 시작으로 매년 1~3점의 벽화를 그려 현재는 40개가 넘는 벽화가 그려지게 되였다.

동피랑의 벽화는 동피랑과 통영을 주제로 자유롭게 그려지고, 2년을 주기로 변화를 주고 있는 반면에 슈메이너스의 벽화는 지역의 독특한 역사를 살릴 수 있는 내용으로 인디언의 모습, 마을 개척 모습, 목재산업으로 번성한 마을의 모습, 이주민의 정착모습 등으로 그려졌다. 벽화에 등장하는 인물들도 실제 했던 주민들의 모습을 그려 넣어서 슈메이너스만이 가지고 있는 역사적·문화적 자원과 주민들의 개인사 등을 활용하여 마을을 재탄생시켰다. 뿐만 아니라 상점 및 관광서 등도 벽화로 꾸며져 관광자원으로 이용하였으며, 주변 정원을 정리하고 조형물을 설치하여 벽화와 어울리게 조성하였다.

세계 최대 야외 갤러리, 연간 40만 명이 찾아

'세계 최대 야외 갤러리'로 불리며 매년 40만 명이 넘는 관광객을 유치하고 있는 슈메이너스는 벽화마을답게 마을 곳곳에 안내를 이미지로 표현하고 있다. 인포메이션 센터도 벽화로 꾸며져 있으며, 관광 동선은 바닥에 '노란발자국'으로 표시하고 있다. 마을 곳곳에 있는 음식점의 안내판도 그림으로 재미있게 표현하고 있다.

슈메이너스 주민들은 벽화를 그릴 벽이 한계에 이르자 조각품을 제작해 전시하기도 하고 관광객들이 좀 더 머물 수 있도록 야외 극장을 설립해 공연을 하기 시작했다. 처음에는 벽화만 있었지만 시간이 지나면서 벽화뿐만 아니라 조형물, 공연 등 모든 종합 예술 공간으로 자리 잡게 되었다. 이런 노력으로 연극을 보려고 찾는 관광객도 연간 8만 명이나 된다고 한다.

슈메이너스는 마을을 살리기 위해 주민들이 적극적으로 동참

하고, 벽화 뿐 아니라 이후의 다른 콘텐츠들을 생각해내어 관광객들에게 새로운 모습을 보여서 계속해서 오도록 유도하며, 마을에 오래 머물 수 있도록 공연을 선보이는 노력을 계속하고 있다.

마을을 살리기 위해 조성된 슈메이너스 벽화

동피랑 역시 철거대상의 달동네에서 통영의 대표적인 관광지로 각광 받고 있다. 항구주변이라는 환경과 존폐위기에서 관광지로 변모하여 사랑받는 것이 슈메이너스와 비슷하지만, 형태는 조금 다른 듯하다. 슈메이너스는 동피랑보다 넓고 평지의 마을에 벽화를 조성했고 조형물도 설치하기에 충분한 공간이 있다면, 동피랑은 좁은 달동네이다. 조형물을 설치할 만한 공간도, 관광객들이 편하게 지나다닐만한 길도 없다. 하지만 이런 것들이 동피랑의 매력이라고 생각된다. 언덕 위에 형성된 달동네라는 쉽게 접할 수 없는 형태이고, 좁은 골목에 소박한 집들은 어른들에게는 옛 기억의 향수를 젊은 사람들에게는 신선한 느낌을 받게 한다. 또한 좁은 동네에 주기적으로 벽화를 교체함으로써 관광객들에게 새로운 모습을 계속해서 보여줄 수 있다. 또한 달동네이면서 바닷가마을인 동피랑은 강구안의 경관을 바로 바라볼 수 있기 때문에 작은 동네이지만 답답한 느낌보다는 넓게 펼쳐진 강구안을 바로 바라보면서 탁트인 경관을 감상할 수 있다.

　　슈메이너스는 좁은 규모로 인하여 동네자체를 발전시킬 여지가 많지 않아 보인다. 단체관광객들이 오면 갤러리를 구경하듯 줄지어 가야하고 카페도 여러 곳 있긴 하지만 사람들이 몰리면 작은 카페의 장점을 잃어버리기 십상이라 아쉬운 면이 많다. 하지만 동피랑의 위치를 생각해 볼 때, 동피랑은 주변과 어울려서 발전한 여지는 충분하다고 생각된다. 동피랑 언덕 밑에 바로 중앙상설시장이 형성되어 바닷가 마을답게 풍부한 해산물을 제공하고 있고 재래시장을 경험 해보지 못한 사람들에게 흥미로운 공간이 될 수 있다. 또 그 주변으로 각종 음식점들이 줄지어 있다. 그리고 2002년에 시작된 통영국제음악페스티벌로 강구안 광장에서 음악공연을 하고 있으며, 특히 통영의 이순신이라는 엄청난 소재가 있기 때문에 이를 동피랑과 연결시켜 개발할 수 있을 것이라 생각된다.

새롭게 태어나는 벽화 마을을 마무리하며

벽화는 많은 이야기를 담고 있다. 국내에서건 해외에서건 수 백 년 마을의 역사를 표현하는 방법이 되기도 하고 그 마을의 전통을 고수하기 위한 방법이 되기도 한다. 마을 사람들이 벽화의 존재를 알건 모르건, 어떤 역할을 해 줄 수 있을 지에 대한 기대도 모르는 사이에 벽화마을이 생겨나기도 했다. 벽화라는 콘텐츠 하나만으로 도시가 다시 살아나고, 관광하기 위해 하루 수 천 명에서 1년에 수 십만 명 이상이 찾기도 하는 것에서 우리는 콘텐츠가 갖고 있는 위력을 실감할 수 있었다.

그러나 실상을 보면 콘텐츠 하나만으로 마을을 재생하고 주요 관광지로 부상 시킬 수는 있어도 마을 주민 모두에게 만족을 주고 이를 통한 경제적인 변화를 주기에는 부족함이 있다는 것도 알게 되었다. 벽화마을이 1년에 수십만 명이 찾는 관광지로 부상되면서 지역경제가 활성화될 수는 있다. 그러나 그것만으로 집 담장을 내어주고 벽화마을 조성에 흔쾌하게 허락한 마을 주민들 모두에게 골고루 혜택을 주지는 못한다. 물론 일부 주민들은 관광객을 대상으로 직접적인 상품판매를 통한 경제적 이익을 얻을 수는 있다. 그러나

143

마을 주민 모두가 이와 같은 경제적 혜택을 누리기에는 부족함이 있다는 것이다.

다행히 벽화마을를 주관한 단체에서도 이러한 문제를 인식하고 마을 주민 다수가 이를 통한 경제적 혜택을 얻을 수 있는 방법을 모색하고 있다. 그것이 마을주민들이 참여한 조합의 형태를 구성하여 신규 수익원을 발굴하거나 주민 다수가 참여하는 참여형 프로그램을 운영하여 수익을 배분하거나 하는 초보적인 단계이지만 다행히 벽화콘텐츠 조성으로 끝나지 않고 연계하는 사업으로 나타나고 있다는 것은 다행한 일이 아닐 수 없다.

벽화마을은 공통적으로 많은 부분에 있어 불편을 초래한다. 조용하던 마을이 관광객으로 사시사철 시끄러운 소음을 접해야 하고 또 벽화만 보는 것이 아니라 마을 주민이 살고 있는 담장안의 사생활까지 내어 놓아야 하기도 한다. 벽화마을의 특징이 고령화인구가 밀집한 전통부락이라는 것을 감안한 새로운 콘텐츠의 개발과 기존 콘텐츠와의 연계도 생각할 시점이라고 본다.

'풀뿌리 민주주의'라는 말이 사회로 확산되자, 본래 의미와는 상관없이 많은 자방자치단체에서는 경제적 자립을 도모하게 되었다. 그러나 몇몇 도시 외에는 당장 자립할만한 기반산업이나 여력이 되지 않았고, 관광에 눈을 돌리게 되었다. 공공예술의 분야인 '벽화마을' 역시 관광요소의 하나로 이용되고 있다. 그에 따라 많은 논란과 비판이 뒤따르고 있지만, 이미 벽화마을로 조성된 곳에 대해서는 분석과 그에 따른 방안이 필요하다. 그 사례로 통영 동피랑 마을을 먼저 분석하고, 3곳의 국내사례와 1개의 국외사례를 비교하여 각각 스토리텔링 공간스토리텔링 관점에 따라 분석했다.

중앙에서 모든 걸 결정하던 중앙집권시대를 벗어나서, 지방자치시대가 계속 되어오면서 지역산업과 관련된 정책들이 많이 논의 되고 있다. 특히 고부가가치를 이룰 수 있는 문화산업은 지역을 활성화 시키는 중요 산업으로 인식하게 되었다. 통영의 동피랑은 철거 직전의 마을을 '벽화'로 구해내고, 거기에 동피랑이 가지고 있던 공간적 이점과 시민들의 적극적인 참여로 지역의 대표 문화지역이 되었다. 물론 아직도 수정하고 발전해나갈 부분이 많지만, 이런 동피랑의 사례는 다른 지역의 본보기가 될 것이다.

저자 한마디

답사 이전에 통영에 대한 인상과 지식은 어렴풋이 방송에서 나왔던 갖가지 음식들과 동피랑 마을이 지식의 전부였으니 없었다고 하는 편이 더 나을지도 모른다. 그런 통영에 답사를 가게 되었을 때, 그 무지가 원인이 되어 걱정 반 기대 반으로 답사를 가게 되었다. 사실 지금도 통영에 대해서 안다고 하긴 어렵지만, 그곳에서 생각지 못했던 문화산업의 가능성을 본 것 같은 기분이 들었다. 동피랑 마을은 물론이고 통영의 곳곳에서 크고 작은 문화 행사들과 기획들을 진행하고자 하는 노력이 보였다. 그리고 그러한 기획들을 다른 지방에서 어떤 형식으로 접목시킬 수 있는가에 대한 생각이 들었다.

– 마승희

저자 한마디

드라마를 통해서만 보았던 동피랑을 답사를 통해서 처음으로 만났다. 비도 내리고, 무엇인가 분석하며 살펴야한다는 압박감으로 처음에는 동피랑의 모습을 제대로 볼 수가 없었다. 그러다 마을 정상에서 통영 앞바다와 동네의 모습을 내려다 보게 되면서 그제서야 압박감을 잊어버리고 동피랑의 아름다운 모습을 볼 수 있었다. 그 덕에 팀원들을 모두 놓쳐 버리긴 했다. 나중에 동피랑이 재개발로 없어질뻔한 달동네였지만 벽화를 통해 철거계획이 무산되고 관광지로 거듭난 사실을 알게 되면서 동피랑의 매력이 더욱 커졌다. 특히 아무런 관심도 받지 못했던 곳이 '벽화'라는 콘텐츠를 통해 그렇게 되살아 날 수 있다는 것이 놀라웠고 많은 생각을 들게 하였다.

– 장상미

참고자료

김유미, 「마을 미술프로젝트를 통한 지역문화활성화 방안 : 부산감천문화마을사례를 중심으로」, 중앙대학교 석사학위논문, 2013년.

박선정, 「공공미술사업으로서의 주민참여벽화 연구 : 2009 마을미술프로젝트를 중심으로」, 국민대학교 석사학위논문, 2011년.

백재현, 이연숙, 장레이, 「부산 감천문화마을의 재생특성 연구」, 한국생태환경건축학회, 학술발표대회 논문집, 통권25호, 2013년.

양성모, 「공공미술에 있어 현대 벽화의 기능과 발전방안에 관한 연구」, 강원대학교 미술학과 석사학위논문, 2007년.

오세철, 「꿈꾸는 마을 : 대전 대동 벽화마을을 중심으로」, 한국사진학회지 학술논문, 제24권, 196쪽, 2011년.

이종영, 「멕스코 벽화운동 소고 : Rivera, Orozco Sigueiros를 중심으로」, 이화여자대학교 순수미술학과 석사학위논문, 1977년.

이호상, 이명아, 「문화예술을 매개로한 도시재생 전략에 관한 사례연구 : 부산 감천문화마을과 나오시마 사례를 중심으로」, 서울과학기술대학교 과학문화전시디자인연구소, 한국과학예술포럼 10권 110쪽, 2012년.

조윤미, 「국내벽화마을만들기의 성공요건 분석」, 가천학교 도시설계학전공 석사학위논문, 2011년.

마비정 벽화마을 카페 : http://cafe.daum.net/mabijeong/RW5J/2

부산 감천 문화마을 공식사이트 : http://www.gamcheon.or.kr/

부산 감천 문화마을 공식카페 : http://cafe.naver.com/gamcheon2/

블로그 〈수암골 벽화마을〉 : http://blog.daum.net/chulinbone/3137

수암골 예술촌 공식사이트 : http://suamgol.co.kr/

통영넷 : http://www.tycity.net/bbs/board.php?bo_table=anytalk&wr_id=853

통영시 향토역사관 : www.tongyeong.go.kr/ty/history

〈http://media.daum.net/foreign/others/newsview?news-id=20140414113212004〉, 로이터통신, 2014.04.14.

서민지, 〈세계 속 벽화마을의 진풍경을 찾아서〉, 위키트리, 2013.11.15.

이문석, 〈벽화가 살린 마을 '슈메이너스'〉, YTN, 2007.06.18.

이문석, 〈벽화가 살린 마을 '슈메이너스'〉, YTN, 2007.06.18.

조덕현, 〈HAPPY KOREA 해외편, 캐나다 벤쿠버섬 슈메이너스〉, 서울신
　　문, 2007.06.25.

살아 숨 쉬는 벽화마을, 동피랑

스토리가 살아 숨 쉬는
벽화마을, 동피랑

동피랑 마을의 숨은 스토리

우리나라 벽화마을의 시작은 누구라기보다는 벽화에 관심이 있는 학생들과 작가들의 손에서 시작되었다. 미술을 공부하는 학생들과 예술가들의 연습과 결과물로 자유롭게 생기던 벽화들은 사람들에게 긍정적인 평가를 받으면서 정부의 마을 만들기 사업으로 확장되었다.

정부의 벽화마을 만들기 사업은 공공디자인, 공공미술사업과 민감 활동의 형태로 진행되고 있다. 2006년부터 정부와 지자체에서 문예 진흥 기금, 복권기금과 같은 제도적 지원을 배경으로 공공 미술 사업을 진행시키면서 본격적으로 벽화마을이 등장하게 되었다. 마을 미술 프로젝트는 쾌적하고 문화적인 환경에서 생활 할 권리를 실현시키고, 미감 있는 생활공간으로 리모델링하는 것이다. 이를 통해 지역의 특색을 살리고 상징적인 공간을 조성하는 것을 목표로 한다.

그림 1. 동피랑 초입부 모습

'달동네'에서 '가장 아름다운 골목'이 되기까지

과거 가난한 사람들이 모여 사는 작은 동네 동피랑은 지금처럼 아름답지만은 않은 곳이었다. 철거 예정지였던 이곳은 보상비를 받고 언제 떠나야할지 전전긍긍하던 주민들이 살고 있는 전형적인 달동네였다.

마을 꼭대기에는 이순신 장군이 설치한 옛 통제영의 망루 터가 있다. 통영시는 동피랑 마을을 철거하고 동포루를 복원하고 주위를 공원으로 조성하고자 계획하였다. 과거 공간을 복원하여 통영의 관광명소를 기대한 사업이었으나, 당장에 살고 있는 마을 주민들은 새로운 보금자리를 구해야하는 신세로 전락하게 된다.

2006년 5월 통영시의 재개발 계획이 발표되면서 옛 동포루 자리에 위치한 낙후한 마을을 철거하고 경관개선을 이유로 동포루를 복원하고 공원을 조성할 계획이 알려졌다. 일제강점기 때 통영항과 중앙시장에서 인부로 일하던 외지 하층민이 기거하며 형성된 동피랑 마을은 1960-70년대 조선업의 성장으로 유입된 사람들 중 가난한 사람들이 모여들면서 마을의 형태를 갖추었다. 재개발 계획이 발표될 당시에 동피랑은 허름한 집과 골목길이 전부인 특별할 것 없는 마을이었다고 한다. 주민들은 약간의 보상비를 받고 새로운 보금자리를 찾아 떠나야 하는 상황이었는데 동피랑의 집값으로는 통영 내 다른 곳에서 집을 구하기 어려웠고, 무허가 주택이 대부분으로 적은 보상금마저도 받을 수 없는 사람이 대부분이었다.

그 때 지역 시민 단체인 '푸른통영 21'은 재개발을 저지하며 골목길을 재조명해 통영 지역의 특색 있는 관광 상품으로 개발할 계획을 세운다. '서민들의 애환이 서린 골목문화를 보존하자'는 취지로 푸른통영 21은 벽화 공모전을 열었다. 그래서 동피랑 벽은 예술과 문화를 사랑하는 학생들과 예술가들의 손길로 채워졌다. 그림들은 통영의 지역적 특성을 살릴 수 있는 내용이나 바닷가와 어우러지는 아기자기한 내용들로 채워졌다.

전국 각지에서 예술 기부 지원자를 모집하였고 수많은 기능 재부를 통해 골목골목마다 아름다운 벽화가 채워지게 되었다. 그렇게 시작된 벽화 그리기는 100여개의 작품이 탄생하였다. 철거 예정지였던 달동네의 변신은 곧 관광객들에게 입소문이 나기 시작했다. 현재 동피랑 마을은 주말이면 200 300명의 관광객이 찾는 관광명소로 '전국에서 가장 아름다운 골목'으로 자리매김하였다.

벽에 담은 예술과 문화 스토리

마을 사람들의 벽화그리기 찬성 서명을 통해 동피랑 마을의 벽화 작업은 순조롭게 이루어 질 수 있었다. 통영시 지역혁신협의회가 주최하고 푸른통영 21과 통영 RCE가 공동 주관한 골목그림 공모전은 2007년 10월 첫 번째로 개최되었다. 사전 참가신청을 받아 오리

엔테이션을 거쳐 기간 동안 참가팀에게 친환경페인트를 제공하고, 자유주제를 선정하여 골목 담벼락, 골목길, 지붕 등 그룹 당 50m 내외의 공간을 선택하여 벽화를 그리도록 했다. 특정주제를 주지 않은 만큼 작가들은 자유롭게 골목길을 채워갔다. 당시 벽화를 보면 다양한 꽃들과 형형색색의 패턴, 골목길을 한층 서사적으로 보이게 해주는 시화 등이 자리를 잡았다. 획일적이지 않고 곳곳마다 다른 느낌이 있어 멀리 통영항에서부터 사람들의 시선을 사로잡았을 것이다.

2010년 4월 제2회 동피랑 벽화공모전이 진행되었다. 통영의 바다를 상징하는 '블루', 서민들의 삶과 애환이 녹아있는 '블루스'가 합쳐진 의미의 '동피랑 블루스'라는 주제로 벽화 작업이 진행되었다. 그리고 2012년 4월에는 제3회 '땡큐, 동피랑' 이라는 주제로 공모전이 진행되었는데 이는 불편을 인내하고 기꺼이 맞아주는 주민들에 대한 감사의 마음, 전국에서 찾아와 그림을 그려준 사람들에 대한 고마움, 가난하지만 따뜻하게 정을 나누며 사는 마을공동체에 대한 감사의 마음들이 어우러진 뜻이라고 한다. 현재는 2014년 4월 4차 벽화 공모전 '점프, 동피랑' 작업이 진행 중이다.

"4차 공모전 이름을 '점프, 동피랑'이라고 지은 건 여러 지역에 벽화마을이 많이 만들어지고 있는데, 동피랑은 벽화 그리기 뿐 아니라 다른 벽화 마을과 다른, 차별적 도약을 이루자는 의미에서예요. 이번에는 기존 벽화들과의 차별을 위해 국제적인 규모로 진행을 계획하였고, 그 일환으로 일부 벽화의 경우 외국 작가를 초대하여 초대전 형식으로 벽화 작업을 진행하고 있어요. 그렇기 때문에 '비엔날

레'라고 이름 붙였고요."

"각 공모전마다 주제를 정하긴 하지만 작가들에게 주제에 꼭 맞게 그려달라고 하거나 직접적으로 제시하진 않아요. 그렇기 때문에 각각의 벽화에는 작가의 생각이 담긴 각각의 스토리가 있죠."

[2014년 4월 18일 푸른통영 21 유정미 간사 인터뷰 中]

푸른통영 21의 유정미 간사는 공모전의 주제와 벽화들 각각의 이야기에 대해 작가의 창작 활동을 고려해서 벽화작업에 대해 제한하지 않는다고 말했다. 각 공모전의 주제들은 작품의 주제라기보다는 동피랑 마을에 대한 푸른통영 21의 마음이라는 표현이 더 맞을 듯하다. 또한 외국 작가들을 섭외하여 국제적인 규모의 공모전을 진행한 것은 그림과 이야기를 소비하는 주민, 관광객 등 많은 사람들이 더욱 다양한 문화와 감정을 교류할 수 있게끔 하는 새롭고 발전적인 도전이었다고 생각한다.

벽화 골목이 유명세를 타고 시간이 지남에 따라 벽화 공모전의 규모가 커지고 그 형식과 진행 방식이 자리를 잡으면서 공모전 주제에 따른 제약이나 관리 감독이 있진 않을까 생각했는데, 여전히 작가의 생각을 최우선적으로 고려하여 작품 활동을 장려한다고 한다. 벽화마다 우리에게 다른 메시지를 던져줄 수 있는 까닭이 여기에 있다.

벽화 작가들과의 인터뷰

1차 골목그림 공모전 이후 2008년 6월 골목길의 빈 곳을 메꾸는 그림 보충 작업이 있었다. 동피랑을 주제로 한 KBS의 '다큐3일'이라는 프로그램 촬영과 함께 진행된 작업이었는데, 그때 통영의 다다 미술학원 김태영 원장이 벽화작업에 참여했다.

그림 2. 김태영 작가 벽화

그림 3. 김태영 작가 작업 모습

"푸른통영 21에서 연락이 왔어요. 다큐멘터리 촬영이랑 맞물려서 72시간동안 작업하는 모습을 보여주는 거였는데, 맨 처음 혼자 작업하느라 고생 많이 했었죠. 특별한 주제가 주어진 건 아니고, 자유주제로 그림을 그리면 됐는데 나는 가족단위로 많이들 오는 곳이니까 가족의 모습들을 보여주고 싶었어요. 그리고 그림에서 어린아이들을 보여주면서 사람들이 내 그림을 보고 동심을 느낄 수 있도록 하고 싶었어요."

"다큐멘터리 촬영이 끝나고 좀 더 작업을 해 줬으면 하는 제안이 들어왔죠. 내 기억으론 벽의 4면 정도, 꽤 많은 작업을 했어요. 그땐 미술학원의 성인 취미반 학생들과 함께 추가 작업을 했죠. 그때 한쪽 벽면을 보니 시화가 그려져 있었어요. 시인과 시구가 적힌 그림이 있었는데 그 그림을 보곤 옆에다가 독서를 장려하는 그림을 그려야겠다 생각했죠. 독서에 대해 의인화해서 그림을 그렸어요. 사람들이 내

그림을 보고 독서를 많이 했으면 했거든요."
[2014년 4월 18일 다다미술학원 김태영 원장 인터뷰 中]

김태영 원장은 재능기부 형식으로 벽화작업에 참여하였다고 한다. 특별한 보상을 받거나 하진 않았지만, 인터뷰 내내 밝고 적극적으로 응해주던 김태영 원장은 그때를 회상하면서 행복했다고 이야기했다. 또한 육체적으로는 고된 작업이였지만, 원생들과 함께한 기억만은 추억으로 남았다고 한다. 추측하건데, 동피랑의 다양한 방문객들에게 동심을 전달할 마음에 힘든 작업속에서도 행복하게 작업 할 수 있었던 게 아닐까 싶다. 벽화 마다 사람들에게 마음의 울림을 줄 수 있는 이유는 이렇게 행복한 마음으로 긍정적인 바람을 전달하는 작가들이 있었기 때문이라 생각된다.

그 이후 호주 시드니에서 온 외국인 마이클이라는 작가가 작업하기도 했는데 마이클은 자연을 보살피고 되살려야 한다는 마음을 전달하기 위해 환경오염과 기후변화 때문에 무지개가 울고 있는 그림을 그리기도 했다.

날개

2012년 '땡큐, 동피랑' 공모전에는 동피랑 벽화 마을의 상징이라고도 할 수 있는 "날개" 벽화가 그려졌다. 김주희, 김형기 두 작가가 공모전에 참가해 그린 이 작품은 공모전에서 수상을 하는 등 유종의 미를 거두었다.

김주희 작가는 작가가 본업은 아니라고 했다. 하지만 이화동 날개 그림과 통영 동피랑 날개 그림으로 인해 많은 작업 요청이 들어오고 있고, 작가로서도 활동을 하고 있다고 이야기 했다. 동피랑은

157

2년에 한 번씩 공모전을 진행하는데, 2014년은 공모전이 있는 해다. 김주희 작가는 조만간 통영으로 내려가 기존 작품의 보수작업과 날개 그림 한 점을 더 작업할 계획을 가지고 있다고 이야기 했다.

그림 4. 김주희, 김형기 작가 벽화

"'이화동 날개 벽화가' 유명해지면서 많은 관심을 받았어요. 이화동 벽화 작업 이후 푸른통영 21에서 연락이 왔죠. 지금 동피랑 마을에 다른 작가분이 그린 날개 그림이 있는데, 카피본을 계속 두기 보다는 원작자가 와서 작업을 해주면 좋겠다는 이야기였어요. 서울에서 통영까지 거리가 멀다보니 재료비 조로 참가비를 받았지만, 자비가 훨씬 많이 들었죠. 7일에서 8일정도 통영에 머물며 작업했던 것 같아요. 옹벽에서의 작업이 너무 힘들어서 집에 빨리 가고 싶다는 생각을 많이 하면서 작업했죠.(웃음)"

"처음 날개를 그리게 된 건 '날고 싶은 꿈과 희망'을 표현하고자하는 마음에서 였어요. 그렇기 때문에 성인의 평균키를 감안해서 사람이 들어갈 자리를 남겨두고 작업했고요. 동피랑에서도 마찬가지로 꿈과 희망에 대한 기획의도를 가지고 날개를 그렸어요. 천사를 상징하는 그림이냐는 질문을 받기도 하는데, 그건 아니고 꿈과 희망에 대해 말하고 싶었어요."

"공공미술 작업이다 보니, 이화 마을도 그렇고 동피랑에서도 돈을 받고 작업하기 보다는 사비를 들여서 작업을 한 건데, 푸른통영 21의 연락을 받고 멀리 통영까지 작업을하기로 결심하게 된 계기는 아무래도 제가 가진 능력보다도 훨씬 많은 사랑을 받은 것에 대해 보답하고 싶은 마음이 컸던 것 같아요. 날개 그림을 너무나 많이 좋아해주시는 걸 보면 저도 좋고, 보람도 느껴지고요."

[2014년 5월 4일 김주희 작가 인터뷰 中]

　동피랑 마을이 계속해서 많은 관심을 받고 방문객을 모으는 것은 작가들의 좋은 취지와 좋은 마음이 어우러졌기 때문이리라 생각된다. 2년에 한 번씩 열리는 공모전에 많은 작가들이 참여하고 있는데, 금전적 수익에 대한 생각을 가지고 있다면 벽화 작업 참여에 대해 결심조차 힘들 것이다. 공모전 첫 회에는 직접 재료를 제공해 주었고, 이후부터는 재료비 일부를 제공해 주고 있지만 그리 큰 금액은 아니기에 작가가 부담해야하는 부분이 발생한다. 더욱이 통영외 지역의 작가라면 작품 제작비 외에도 작품 제작 기간 동안의 여비 등 여러 가지 비용이 발생한다. 그야말로 공공미술 발전을 위한 작가 개인의 금전적 시간적 재능 기부라고 생각된다. 이렇게 참여한 공모전에 대한 보상은 오로지 벽화를 접하는 방문객들의 행복과 그로 인한 작가들의 보람이다.

김태영 원장, 김주희 작가에게 인터뷰를 요청하고 이야기를 들어본 것을 가지고 전체 작가들의 생각이 모두 같다고 할 순 없겠지만, 창작에 대한 순수한 열정과 대가를 바라지 않고 방문객들의 행복을 자신의 행복으로 삼는 마음만은 모든 작가가 동일할 것이다. 공공미술에 대해 마음 깊이 이해하고, 공공미술을 접하는 방문객들의 기쁨을 자양분 삼아 작업을 해주고 있는 작가들이 있기에 동피랑이 여전히 아름답고, 활기차게 유지되고 있는 것이리라 생각된다.

동피랑은 현재진행형 스토리

한국의 나폴리 동피랑

골목마다 아기자기하고 예쁜 그림들이 모여 많은 사람들이 추억을 만들기 위해 찾아온다. 이렇게 많은 사람들이 찾아오는 이유는 무엇일까?

동피랑 마을은 경상남도 통영시에 자리 잡은 산비탈마을로 23가구가 모여 사는 오랜 삶의 터전이었다. 특히 조선업이 발달하며 6 70년대 많은 사람들이 통영으로 모이기 시작하면서 돈이 없는 사람들이 이 비탈길에 옹기종기 집을 짓기 시작하였다. 그래서 산동네, 가난한 동네라는 부정적인 인식이 강했다. 하지만 이러한 위치적 특징 때문에 현재 동피랑 마을이 공공미술을 통한 마을 만들기의 대표적인 사례가 되었다.

먼저 통영이라는 도시의 환경적인 요인이 큰 작용을 하였다. 통영은 한국의 나폴리라고 불리며 아기자기하고 소박한 모습을 지닌 항구도시이다. 이런 소박함은 벽화마을이라는 감성을 자극하기에 충분한 매력을 지니고 있다.

그리고 동피랑 마을은 '동쪽의 벼랑' 이라는 이름과 같이 벼랑에 위치하고 있어 마을 앞의 강구항과 바다를 바라보고 있다. 그리고 그 뒤로는 중앙시장을 품고 있어 명당이라 불리고 있다. 동피랑의 골목은 수십 개의 갈래로 되어 있어 골목골목이 하나의 스토리로 만들기에 충분하고 마을에서 내려다보이는 강구항과 바다는 사람들에게 더욱 깊은 스토리를 전달하는 역할을 하고 있다. 그리고 중앙시장을 안고 있기 때문에 동피랑 마을을 찾은 관광객들은 길을 헤매고 어렵지 않게 맛있는 먹거리를 접할 수 있게 되었다.

2년마다 다시 태어나다

현재 수많은 벽화마을 가운데서도 유독 성공적인 마을로 손꼽히며, 거의 첫 번째 사례이기도 하다. 이 곳 통영 벽화마을이 제작되고 아직도 많은 관광객이 찾는 곳이 된 이유는 앞서 설명한 이 단체의 목적인 '지속가능한 발전' 때문이라 생각한다. 수많은 도심재생 프로젝트들이 생기고 실패하고를 반복하는 까닭은 당장의 성과물만 얻고자하는 성급한 접근방식 탓이다. 통영 동피랑 마을은 주민들을 일일이 만나 이야기를 듣고, 주민설명회를 지속적으로 개최하는 등의 작지만 꾸준한 노력의 결과물이다.

모든 프로젝트의 중심은 마을에 살고 있는 마을주민이 중심이 되어야한다. 마을에 살고 있는 주민의 생각을 들어보고, 꾸준한 협의 과정을 거쳐야 한다. 그 공간을 메우게 되는 것은 화려한 조형물이나, 관광객, 다양한 시설물이 아니다. 원래 마을이 가지는 성격, 살고 있는 마을 주민들의 삶이 녹아 있어야 한다. 꾸며진 공간이 아닌 본연의 공간, 성급한 정책 시행만으로는 지속가능한 발전을 이룰 수 없다. 동피랑 마을에서는 한 달에 한 번씩 주민, 행정단체, 시민단체가 참여하는 마을회의가 이루어진다. 그곳에서 서로의 요구조건을 듣고, 협의하는 과정 속에서 지속가능성을 발견하게 되는 것이다.

수많은 벽화마을 가운데서도 성공적인 마을이 될 수 있었던 첫 번째 까닭은 동피랑 마을 본연의 공간 속에서의 탐구를 시도하였기 때문이다. 햇볕이 쨍쨍한 날도, 비가 오는 날도, 눈이 오는 날도 사람들로 붐빌 수 있었던 까닭은 무엇일까. 언덕까지 올라갔을 때 보이는 아름다운 풍경 덕분이다. 좁은 골목 사이사이를 벽화를 바라보며 천천히 감상하면서 오르는 이들에게 펼쳐지는 아름다운 통영의 바다가 있었기 때문에 특히나 이 마을이 사랑받을 수 있었을 것이다.

그런데 애초에 통영시에서 진행하고자했던 동포루 복원사업이 그대로 진행되었다면 지금보다 더 많은 관광객들이 통영에 찾아올 수 있었을까 하는 의문이 든다. 마을에 살고 있는 주민은 떠나고, 옛날의 흔적들은 사라진 채 복원된 동포루와 새롭게 공원이 조성되었을 것이다. 깔끔하게 조성된 곳에서 사람들의 편의성은 제공되었겠지만, 국내 최고 관광지가 되기엔 무리가 있을 것이라 판단된다.

수많은 벽화마을이 생기고 실패하고 하는 까닭은 원래의 공간에 대한 이해가 부족하기 때문이다. 세련되고 규모가 매우 큰 문화시설이 하루아침에 들어온다고 해서 그 공간이 사랑을 받기란 힘들다. 공간은 그곳에 살고 있는 사람이 주인공이 되어야 한다. 이곳을 철거하기 보다는 지역민의 삶과 문화를 그대로 살린 아름다운 골목길 문화를 만들어보고자 했던 움직임이 성공의 열쇠이다. 골목길 사이사이로 올라가는 관광객들에게 마지막 공간인 언덕에서 바라보는 통영의 아름다운 항구 모습은 그들에게 선물처럼 다가온다. 공간의 성격을 헤치지 않고 보존했기 때문에 누릴 수 있는 풍경이다.

두 번째로 2년 마다 바뀌는 벽화 활동이다. 지속가능한 발전을 위한 부지런한 노력이다. 현재 세 번째 벽화의 모습이며, 공모전 형태로 수많은 예술 작가들의 협업이 이를 지속시킬 수 있는 배경이 되었다. 10년, 20년이 지나도록 이전에 봤던 벽화 그대로의 모습을 유지하고 있었다면 관광객의 재방문을 유도하기란 쉽지 않다. 관광객은 계속해서 새로운 볼거리와 즐길 거리를 요구하고 있다. 이러한 관광객의 요구를 잘 파악하였고, 마을의 생동감을 불어 넣기 위한 움직임으로서 벽화 교체 작업이 진행되고 있다.

제 1회 공모전이었던 '동피랑 담벼락 그림 공모전'은 전국의 미대생이 모여 19개 팀 36명이 참가하였다. 제 2회 공모전의 주제는 '동피랑 블루스'이다. 42개 팀이 참가신청을 할만큼 재능 기부의 증가가 이루어질 만큼 동피랑 마을은 성장하고 있었다. 그리고 현재 2014년 4월 4일 동피랑 벽화그림 공모작품 1차 심사가 진행되었다. 푸른통영 21 공식 사이트에 들어가면 진행과정을 일반시민이 볼 수 있도록 공개되어있다. 추가해야할 벽과 기존의 벽을 헤아리고, 벽의 상태를 체크하면서 하루 종일 동피랑 골목을 돌아다니는 그들의 노력이 벽화마을을 지속할 수 있는 힘이다.

마지막으로 이 곳 동피랑 마을은 단순히 벽화를 그리는 작업을 넘어 또다른 움직임을 통해 지속가능한 발전을 이룬다. 동피랑 빈집 리모델링 사업을 통해 관광객들과의 소통을 시도하고 있다. 빈집을 리모델링하여 예술 작가들의 작업공간 등으로 활용되어진다. 엉성하던 빈집의 변화는 동피랑 마을의 건강한 문화 공간 발전에 도움을 주고 있다.

마을이 가지고 있는 원래의 공간성을 훼손하지 않고, 그대로 살리면서 고유의 삶과 문화를 느낄 수 있도록 기획한 동피랑 제작

배경의 우수성을 앞서 설명하였다. 수많은 벽화마을들이 생겼다가 사라지는 중에도 동피랑 마을이 꾸준히 각광받는 이유를 파악할 수 있었다. 지속가능한 발전이라는 모토로 움직인 시민단체와 협력해준 통영시, 마을주민 모두의 협력이 있었기 때문에 동피랑 마을은 현재도 사랑받고 있는 중이다.

지역민들이 스스로 만들어가다

동피랑 마을의 벽화마을 조성당시의 특이점으로는 시민단체가 자발적으로 운영했다는 점이다. '푸른 통영 21'이라는 시민단체는 철거 예정지였던 동피랑을 지키기 위해 시장에게 1년의 유보 시간을 요청하였고 정부의 지역혁신 사업지원프로그램을 이용하여 3천만 원의 예산을 확보하였다.

하지만 벽화마을 만들기에 대한 지역주민, 예술가들의 반응은 부정적이었다. 그래서 '푸른 통영 21'은 공모전을 실시하였다. '색과 그림이 있는 골목'이라는 주제로 미술대학 학생, 화가, 일반인 등이 참여하여 골목골목에 그림과 색으로 이루어진 스토리가 생겨나기 시작했다. 제1회 벽화공모전이 시작되면서 벽화를 그리러 오는 예술가들이 늘어났다.

다음은 국내의 대표적인 벽화마을들이 벽화마을 조성 전과 벽화마을 조성 후의 참여 조직을 정리한 것이다. 동피랑 마을은 벽화 전과 후의 조직에 차이가 있다. 홍제동, 이화동, 월화리 등의 벽화마을은 벽화를 그리기 전 계획구상 단계에서 지자체나 민간단체, 정부단체 등 외부사람들의 힘으로 시작되었다. 동피랑 마을 또한 앞에서 다루었듯이 벽화마을을 조성할 때에는 '푸른통영 21'이라는 민간단체가 주도적으로 운영하였다.

표 1. 벽화마을의 조직

	홍제동		이화동		월하리		동피랑	
	전	후	전	후	전	후	전	후
주민조직	–	–	–	–	–	–	–	O
주민참여	–	–	–	–	–	–	–	O
정부참여	–	–	O	–	–	–	–	–
지자체참여	O	–	–	–	O	O	–	O
민간단체참여	O	O	–	–	–	–	O	O
예술가참여	–	–	O	–	O	–	–	O
학교참여	–	–	–	–	–	–	–	O

　　벽화마을이 조성된 후의 조직을 살펴보면 이화동 같은 경우에는 아예 조직자제가 없어 관리가 지속적으로 되지 않고 있다는 것을 알 수 있다. 다른 벽화마을 들은 여전히 지자체와 민간단체에게 운영을 맡겨놓고 있는 실정이다. 하지만 동피랑마을은 벽화가 그려진 후 주민조직, 지자체, 예술가, 학교 등 다양한 조직들이 주체가 되어 유지되고 있다.

　　이러한 조직들은 여러가지 노력을 통해 스스로 만들어가는 마을을 운영하고 있다. 사례로 동피랑 빈집 리모델링 사업을 통해 관광객들과의 소통을 시도하고 있다. 빈집을 리모델링하여 예술 작가들의 작업공간 등으로 활용되어진다. 엉성하던 빈집의 문화 공간 변화는 동피랑 마을의 건강한 발전에 도움을 주고 있다.

　　뿐만 아니라 시민단체, 마을 주민, 시와의 협력으로 갤러리, 마을 공동체가 운영하는 기념품 가게인 동피랑 점방, 할머니 바리스타들이 운영하는 동피랑 구판장 등을 운영한다. 아름다운 벽화마을에서 보다 실질적으로 주민에게 경제적 도움이 될 수 있는 방안이다.

물론 이는 관광객들 역시 좀 더 그 공간을 향유할 수 있는 자리를 마련해주는 역할을 한다. 벽화를 감상하고 바로 내려오는 것이 아니라, 차를 마시거나 그림을 감상하면서 공간에 대한 체류시간 증가를 기대할 수 있다.

동피랑 마을은 벽화마을로 조성이 된 후 이러한 지속적 노력 끝에 민관협력포럼에서 최우수상을 수상하였다. 그래서 받은 상금으로 마을의 편의시설 등을 보완해나가며 사후관리 측면에서도 훌륭한 평가를 받고 있다.

살아 숨 쉬는
벽화마을, 동피랑

벽화마을의 탄생은 정부의 공공 미술프로젝트를 시작으로 2006년부터 활성화 되었다. 벽화마을은 주민들에게 환경적, 문화적으로 양질의 환경을 만들어 주고 주민들 간의 친밀감을 높여주며 마을에 대한 애착을 느끼게 해 준다. 그리고 경제활동을 활발하게 하여 마을 주민들에게 일자리를 창출하여 마을에 활기를 불어넣는다.

이러한 긍정적인 효과 때문에 현재에도 정부, 지자체, 민간단체, 주민 스스로에 의해 전국에서 많은 벽화마을이 생겨나고 있다. 그 중 성공사례로 꼽히고 있는 동피랑 벽화마을에 대해 살펴보았다.

경상남도 통영시 동호동 동피랑 마을은 과거 철거 예정지로 사회의 소외계층들이 모여 사는 달동네였다. 이 마을은 2006년 재개발에 놓여있었고 마을에 살고 있던 사람들은 보상도 받지 못하고 이사를 하더라도 가지고 있는 집값으로는 집을 구하기 어려웠다. 그러자 민간단체인 '푸른통영 21'에서는 마을과 마을 사람들을 지키기 위해 벽을 아름답게 꾸미기로 계획한다.

벽화마을 사업이 진행되면서 처음에는 공모전을 시작으로 그림에 관심 있는 학생이나 예술가들이 모여 그림을 그려나갔다. 현재까지 여러 작가들과 일반인들이 주제에 맞게 또는 동피랑을 사랑하는 마음으로 다양한 작품을 창작하였다. 그들은 때로 받는 인건비보다 사비를 더욱 지출하면서도 동피랑의 주민들과 아름다운 마을을 지키고자 하는 마음으로, 또 동피랑을 찾는 많은 사람들과 더욱 다양한 문화 예술적 교류를 하고자 하는 마음으로 하고 싶은 이야기들을 벽에 그려넣었다.

그러한 계획은 동피랑의 주민들과 예술가들, 관광객들의 마음을 움직였고 전국 가장 아름다운 골목길이 되었다. 이렇게 동피랑 마을이 사랑받는 이유는 먼저 한국의 나폴리라 불릴 만큼 아름다운 지역적 특성 때문이다. 마을 앞의 강구항과 바다가 펼쳐지고 뒤로는 중앙시장을 품고 있어 통영을 찾은 관광객들이 동피랑에 들러 많은 구경거리를 할 수 있다.

또 다른 이유는 2년마다 바뀌는 벽화의 모습 때문이다. 한 번 동피랑을 찾았던 관광객들도 지루할 틈 없이 새로운 그림들과 이야기를 즐길 수 있도록 벽화 교체 작업이 진행되고 있다. 이러한 점은 다른 벽화마을들과 차별화되는 동피랑 마을만의 주체적인 노력이라고 할 수 있다.

그리고 마지막 이유는 마을의 주인인 주민들이 함께하는 지속적인 관리이다. 다른 마을들과 비교를 하며 살펴보았는데 다른 벽화마을들이 벽화를 그릴 때부터 사후 관리까지 모두 외부인에게 맡겨놓는 수동적인 모습이었다. 하지만 동피랑마을은 벽화를 그리는 시작에 있어서는 민간단체인 '푸른통영 21'이 주도적으로 하였지만 벽화마을이 조성된 후 주민단체, 지자체, 민간단체, 학교, 예술가 등 동피랑을 사랑하는 모든 사람들의 힘으로 벽화마을을 유지해 나가고 있다.

이렇게 살펴본 요건들로 인해 동피랑 마을이 국내 벽화마을의 좋은 사례가 되고 있음을 알 수 있다. 하지만 더욱 오랫동안 사람들의 발길을 잡을 수 있는 관광지가 되기 위해서는 지키고 채워나가야 할 것들도 있다.

먼저 지금의 아름다운 마을을 만드는 과정에서처럼 주민들의 의견을 존중하고 화합해야 한다. 동피랑 마을이 벽화마을로서 관광지가 되어버렸지만 근본적으로 생각한다면 주민들이 살고 있는 마을이고 삶의 터전이다. 그런데 지금은 오히려 마을의 주인인 주민들의 피해가 늘어나고 있다. 예쁜 그림이 그려져 있는 집을 향해 시간에 상관없이 집 주인의 의사도 묻지 않고 사진은 찍어대고 아침 일찍이나 밤이 늦어도 관광객들은 시끄럽게 떠들며 관광지를 누비고 다닌다.

이러한 점을 해결하기 위해서는 자신들을 희생하여 관광객들을 맞이하는 주민들에게 일정수준의 (관광)수익이 돌아가야 할 것이다. 현재에도 주민들을 위한 경제적 활동이 이루어지고 있지만 주민들에게 금전적이나 일자리 창출과 같은 혜택이 더욱 체계화되고 확실하게 주어질 때 마을에 대한 책임감이 높아지고 자긍심 또한 생길 것이다.

또한 중요한 요건은 살아 숨 쉬는 마을이 되어야 한다는 것이다. 수많은 관광객들이 마을을 찾아오고 구경을 하며 자신도 모르는 사이에 마을을 오염시키고 있다. 사진을 찍기 위해 자연을 훼손하기도 하고 놀러 와서 쓰레기를 버리고 가는 경우도 허다하다. 그리고 마을의 경제활동의 주 타겟인 관광객들을 유치하기 위해 마을에서는 점점 더 사람들의 편리를 위한 주차장을 늘릴 것이고 골목이나 자신의 집 또한 고치거나 없앨 수도 있다.

그렇게 되면 동피랑 마을 또한 다른 벽화마을과 마찬가지로 일시적인 벽화마을 사업이 되고 다시 쇠퇴하고 소외된 마을로 돌아갈 수 밖에 없다. 그래서 아름다운 지역적 특색을 반영하는 녹색성장, 마을재생, 지속가능한 발전 등을 키워드로 하여 동피랑의 장점을 최대한 살릴 수 있는 방향으로 마을운영이 유지되어야 할 것이다.

저자 한마디

통영의 싱그러움을 온몸으로 느낄 수 있었던 즐거운 시간이었습니다. 동피랑 마을에서 내려다 본 통영의 푸르른 바다, 향긋한 맛이 일품이었던 멍게비빔밥, 시장의 시끌벅적함과 싱싱한 먹거리, 저녁에 함께할 수 있었던 아름다운 공연까지... 다양한 분야의 콘텐츠를 현장에서 접할 수 있었던 기회였으며 이 부분이 문산원이 가지는 가장 큰 장점이라 생각합니다. 많이 느끼고 보고 즐길 수 있는 현장 답사의 매력. 다음 답사지가 또 한 번 기대됩니다.

– 김영주

저자 한마디

대학교를 졸업하고 올해 대학원생으로써 학교생활을 시작했습니다. 오랫만의 학교생활이라 실감이 안났었는데, 답사를 가면서 정말 학교 생활이 시작됐구나 실감이 나더라구요. 선생님과 동기들, 그동안은 잘 알지못했던 선배님들과 함께 가르침도 얻고 추억도 만드는 소중한 시간을 공유한 것 같아 행복했어요. 답사 이후 책으로 엮어내기 위해 힘들기도 했지만, 곧 결실을 맺는다고 하니 설레기까지 하네요. 책을 보시는 분들이 대학원생의 시선으로 본 통영 동피랑에 대해 많이들 공감하고 느낄 수 있었으면 좋겠습니다.

– 이희진

참고자료

송효진,「공공미술 프로젝트를 통한 마을만들기 : 통영 동피랑마을의 관광
　　지화」. 고려대학교 대학원 석사학위 논문, 2013.

김은경,「도시문화프로젝트 : 통영 동피랑 벽화마을」.대한지방행정공제회,
　　2012.

조윤미,「국내 벽화마을 만들기의 성공요건 분석」,가천대학교 대학원 석사
　　학위 논문, 2011.

김유미,「마을미술프로젝트를 통한 지역문화 활성화 방안 : 부산 감천문화
　　마을 사례를 중심으로」, 중앙대학교 대학원 석사학위 논문, 2013.

《경남신문》(2013. 8. 19). "복원한 통제영, 보존 활용이 더 중요하다".

《연합뉴스》(2009. 11. 3). "통영성 유적 중 서포루.성곽 일부 복원".

NAVER 지식백과

NAVER 네이버캐스트

푸른통영 21

통영관광포럼

통영의 꽃, 동피랑 벽화마을의 마케팅 전략

동피랑 언덕의 200m 골목길 끝에 아기자기한 예쁜 벽화마을이 있다. 침울한 회색빛의 달동네였던 동피랑은 철거대상이었지만 알록달록 벽화가 그려지자, 주말 하루 평균 3000명이 찾는 인기 관광지로 변모했다.

시민단체 '푸른통영 21' 추진위원회는 재개발 저지를 위해 2007년 10월부터 시장에게 1년이란 유보의 시간을 요청하였고, 높은 지대에 있기 때문에 어디서든 눈에 띄는 동피랑 마을 각 주택들의 담장을 활용해보기로 하였다.

이에 따라 푸른통영 21은 '서민들의 애환이 서린 골목문화를 보존하자'며 '멋과 그림이 있는 골목'이라는 주제로 1차 벽화 공모전을 벌였다. 미술대학 학생과 일반인들 19팀 36명이 공모전에 참여했고, 통영의 청소년문화모임인 '드러머'의 자원봉사로 주민동의에 걸쳐 일주일 동안 19채의 집과 골목 담벼락마다 벽화가 그려졌다. 각지에서 달려온 젊은 예술가들은 벽, 자투리 공간과 물탱크 등에 꽃봉오리는 물론 통영을 상징하는 통영대교와 김춘수의 시 '꽃', 음악과 고깃배 등을 그려 넣음으로써 문화 예술의 도시인 통영의 지역성을 살릴 뿐 아니라 퇴색했던 골목길에 생기를 불어넣었다. 바닷가 배경의 마을은 아기자기한 벽화들이 그림 같은 풍경을 자아내며 한국의 몽마르트언덕이 탄생하게 된 것이다.

관광지로 거듭나면서 쉼터인 쌈지공원을 조성하는 한편, 주민들을 위한 소득원을 적극적으로 발굴하여 현지 주민들의 삶에 도움이 되는 방향을 찾기 위해 노력하고 있다. 동피랑 마을은 쇠퇴한 마을에 문학과 예술을 접목시켜 도시재생을 성공시킨 대표적 사례라 할 수 있다.

2007년에 시작된 벽화 공모전은 2014년에 들어 벌써 네 번째다. 국내외를 대상으로 하기는 이번이 처음이다. 자유공모 40개팀과 기획 공모 10개 팀이 지난 25일부터 5월 1일까지 벽화를 그렸다. '시민공동벽화'가 함께 진행돼 동피랑 골목 주민 등 통영시민들이 '참여와 소통'을 주제로 공동벽화도 만들었다. 푸른통영 21 추진협의회는 동피랑 벽화마을을 전국적으로 난립한 벽화마을과 차별화하고 전 세계에 알리려고 이번 공모전을 기획하였다.

통영은 '한국인이 꼭 가봐야 할 한국관광 100선'에 들 만큼 유명해졌다. 그러나 동피랑 주민들은 소음과 사생활 침해 등 많은 어려움을 겪었었다. 벽화마을을 찾는 관광객들에게 짜증을 냈었지만 수익 창출로 주민들의 형편이 나아지면서 짜증은 사라졌다. 전국에는 '동피랑 사람들'의 성공사례를 배우기 위한 벤치마킹을 하는 사례도 생겨나고 있다. 올해 지원받은 사업비 3,000만 원으로 벽화를 이용한 새로운 상품개발에 나설 계획이다. 상품의 포장판매 업무를 통해 마을 주민 저소득층 노인의 일자리 창출에도 더욱 노력할 전망이다. '할머니카페', '몽마르다카페' 와 같은 감성마케팅은 관광객들의 눈길을 끌었다.

　동피랑을 찾아갔던 날은 비가 와서 대부분의 카페는 문을 열지 않았고 심지어 안내센터까지 문이 닫혀있었다. 카페, 안내센터 담당직원 연령이 70-80대이므로 기후에 영향을 많이 받는다고 하였다. 벽화 말고는 동피랑 마을만의 이색적인 관광 상품이 없다는 것도 아쉬운 점이다. 이러한 몇몇 아쉬운 점들을 개선할 수 있도록 동피랑 마케팅을 위한 SWOT분석을 하였다.

S | 동피랑은 삶의 현장이다

오랜 시간 동피랑 벽화마을을 삶의 터전으로 살아온 주민들은 옆집, 동네 전체의 사정을 속속들이 알고 있다. 또한 서로 의지하며 함께 살아온 그들로 구성된 마을기업은 동네 골목길 속속들이 눈에 선하게 그려 볼 수 있는 만큼, 마을의 이야기라면 어디를 가더라도 최고라 불릴 수 있을 만큼 마을 전문가들이다.

　마을에 거주민들은 대부분 70~80대 어르신들로 구성되어 있다. 동피랑 벽화마을을 찾아오는 이들에게는 마을의 고유한 느낌과 마치 어릴 적 뛰어놀았던 동네를 찾은 것 같은 향수를 불러일으키며, 거주민들에게는 조용했던 마을의 생기와 활력을 찾아주는 역할을 한다.

　남망산 조각공원과 마주보는 언덕의 동피랑 마을은 서민들의 치열한 삶의 터전이며 쉼터였다. 하루하루 살아가기에 바쁜 고단한 날들이었지만, 서로서로 함께 보듬어 살아가는 소중한 공간이었다. 문화를 가까이 느끼고 접할 기회는 없었지만, 벽화마을을 터전으로 살아온 그들의 손때 묻은 담벼락 또는 집 벽면에 그림을 그림으로써 마을에 대한 문화적 소속감을 형성하였다.

거주민들 대부분이 경제활동을 원활히 할 수 없는 70~80대의 어르신들로 구성되어 있어 마을 내의 카페 운영과 동피랑 구판장 활동으로 마을기업의 운영 기금을 적립하며 형편이 어려운 가구는 마을 기업에서 생필품과 생활비를 지원 받고 있다.

통영시에서 동피랑 벽화마을을 대상으로 전문적인 교육 기관을 구성하여 주민들의 지속적인 교육과 함께 자발적인 간담회의 활성화를 일으켜 동피랑 벽화마을만의 독특하고 적극적인 홍보 방안을 마련해야 할 것이다.

S | 벽화마을의 특징을 살린 감성 네이밍

동피랑 벽화마을은 골목골목 숨겨진 이야기들이 많이 존재한다. 골목의 시작점부터 꼬불꼬불 좁은 골목을 올라가며 느껴지는 때 묻은 삶의 터전의 중간마다 그들의 삶을 벽화로 그려 놓아 보는 이들로 하여금 같이 느끼고 공감 할 수 있게 한다.

그림 1. 동피랑 벽화마을에 그려진 벽화

마을 내에 있는 할머니 바리스타 카페와 몽마르다 카페는 동피랑 벽화마을만의 특유한 색깔을 띠고 있다. 화려하지는 않지만 소박하고 우리의 모습과 닮아 있어 어색하지 않고 친근함을 느끼게 한다. 할머니가 타 주는 커피를 마시면 나도 모르게 더 맛있고 따뜻하게 느껴진다. 또한 몽마르다 카페는 같이 도란도란 이야기를 나눌 수 있는 포근함이 느껴졌다.

　동피랑 벽화마을만의 특색을 잘 나타내는 네이밍을 통해 통영시 및 유관기관과 협력하여 캐릭터로 개발하여, 캐릭터를 통한 각종 라이선싱 사업을 통한 수익 창출을 전략으로 제안한다.

S l 좁은 골목길, 아날로그적 감성을 불러일으키다

꼬불꼬불한 골목길을 지나며, '이 길의 끝엔 무엇이 있을까?' 하는 호기심을 유발하는 동피랑 마을만의 독특한 조형물과 호기심을 증폭 할 수 있는 조형물 등을 설치한다. 흡사 어릴 때 학교 앞 문방구 뽑기 기계에 동전을 넣고 돌릴 때의 짜릿함처럼 말이다.

　골목마다 스크린 기계를 게임기처럼 설치해 동화책 속 캐릭터가 나와서 동피랑 벽화마을 이야기를 들려주거나 게임이나 포토타임을 즐길 수 있는 기계를 설치한다. 추억의 뽑기 기계를 설치하여 동전을 넣고 돌리면, 동피랑 벽화마을만의 캐릭터 상품 아이템을 가질 수 있는 소소한 즐거움을 제공할 수 있다.

그림 2. 추억의 게임기 예시

S | 접근성에 따른 차별적 가격전략

동피랑 벽화마을의 카페들은 마을 내부로 가까워질수록 가격대가 저렴하였다. 벽화마을의 진입로에 있는 '언니는 동피랑 스타일' 카페는 에스프레소 3,000원, 아메리카노 3,000원에 비해 마을 내부로 들어 갈수록 가격이 저렴해지는 것을 알 수 있었다. 벽화마을의 스카이라운지라고 할 수 있는 동피랑 구판장의 아메리카노 가격은 2,500원부터 시작되며, 카페라떼, 카푸치노 가격은 3,000원이다. 또한 몽마르다 언덕으로 올라가는 길목에 위치하고 있는 할머니 바리스타 카페는 아메리카노 2,000원 , 카페라떼 2,500원, 카푸치노 2,500원이다.

그리고 벽화마을의 가장 핫 플레이스라고 할 수 있는 몽마르다 언덕에 위치하고 있는 몽마르다 카페에서도 아메리카노를 2,000원에 판매함으로써, 벽화마을에서 멀어 질수록 가격이 올라가며, 벽화마을 내부에 깊숙이 들어올수록 가격이 저렴해지는 것을 알 수 있었다.

W | 안내센터가 좀더 효율적이었으면

동피랑 벽화마을을 찾았을 당시는 2014년 3월 29일 토요일, 즉 주말이었다. 관람객이 가장 많이 찾는다는 주말임에도 불구하고 안내센터는 문을 열지 않았다. 따라서 동피랑 마을에 관련되거나 관광 안내에 대한 내용을 문의하고자 하는 이들이 안내센터 문밖을 서성이고 있었다. 어쩔 수 없이 동선을 따라 이동하던 중 '몽마르다 카페'의 주인을 만나 자세한 이야기를 들을 수 있었다. 안내센터의 담당직원은 현재 동피랑 벽화마을의 70-80대 거주민이 그 역할을 담당하고 있다는 내용이었다. 따라서 담당직원의 고령화로 인해 날씨에 따라 결근을 하는 경우가 많다고 전한다. 답사날이었던 29일도 담당자가 비가 내리는 날씨에 따른 건강상의 이유를 대며 무단결근을 한 상태였다. 이는 관람객들에게 마을기업이 친숙하게 느껴지게 하는 요인이기도 하지만, 운영의 비효율성을 가져오는 원인이 되기도 한다.

운영인력의 비전문성으로 인해 결산총회와 같은 정산시스템을 제대로 운영하지 않았고 이로 인해 갈등이 발생하였다는 기사가 수차례 발표되기도 하였다. 이는 내부인력만으로 전문적인 마을기업 운영이 어려운 지경에 이르렀음을 시사한다. 또한 벽화마을이 방송으로 유명세를 타게 되자, 관광객의 증가로 인해 사생활 침해와 소음공해로 마을을 떠나는 주민들이 발생하기도 하였다. 따라서 통영시와 연계하여, 사업별 전문 인력 양성과 회계의 투명성을 위해 감사제도의 철저한 확대운영이 필요할 것으로 생각한다. 또한 안내센터에 3교대 직원 풀(Pool)을 마련하는 등 유사시를 대비하는 매뉴얼을 개발하는 것이 시급하다.

Ⅵ | 동피랑만의 독창적인 상품이 필요해

기념품을 판매하는 곳은 '점방'으로 주로 기성 상품들이 진열되어 있다. 예를 들어 '라바'와 같은 일반 캐릭터상품은 동피랑의 장소적 특수성과는 전혀 관련이 없는 상품으로, 일반매장에서도 쉽게 구할 수 있다. 이러한 일반상품이 다수를 이루는 구성방식은 동피랑만의 특성을 잘 드러내지 못한다.

다른 문화상품과 차별화 될 수 있는 동피랑을 소재로 한 상품개발이 필요하다. 현재 동피랑의 특색을 가장 잘 드러내고 있는 상품으로는 동화책 '동피랑 아이' 가 있다.

그림 3. 동피랑 점방과 판매상품

그림 4. 동피랑 아이 동화책과 진열 상품

동피랑 아이

한국의 나폴리, 경상남도 통영시 동피랑을 배경으로 한 아름답고 가슴 뭉클한 동피랑 마을 아이 이야기. 배를 타고 떠난 아빠는 돌아오지 않고 동피랑 아이는 무료하게 바다만 바라본다. 이런 손녀를 달래주기 위해 할아버지는 가슴 아픈 사연을 뒤로하고 자개 공예에 열중한다. 손녀보다 더 자주 바다를 쳐다보던 할아버지는 밤새 손녀를 위해 예쁜 보석 상자를 만든다. 그리고 다음 날, 마침내 바다에 배가 들어온다. 충무김밥, 수산물시장, 자개함, 그리고 경상남도 통영시 동피랑 마을의 아름다운 풍경이 가족의 따뜻한 사랑으로 버무려진 그림책이다.

'동피랑 아이'라는 원천 소스의 개발이 이루어진 상태이므로, 이를 통한 OSMU(One Source Multi Use)를 활용하여 봉제인형, 핸드폰 액세서리, 손거울, 카드 홀더, 지갑, 스마트폰 케이스 등의 상품을 제작할 수 있을 것이다. 이를 통해 동피랑 브랜드를 상품과 직접 연결시키고 부수적인 수입을 올리는 데 많은 기여를 할 수 있으리라 생각한다.

벽화의 디자인을 활용한 상품 개발도 가능하다. 벽화마을을 둘러보면서 느낀 감상이 사라지기 전에 벽화를 활용한 상품을 통해 그 경험을 자극하여 수익을 올릴 수 있다. 벽화를 활용한 상품 예시로 교통카드 스티커와 우산을 들 수 있다.

그림 5. 교통카드 스티커와 그림을 활용한 우산

Ⅳ | 체험프로그램이 좀 더 다양했으면

매년 벽화 새로 그리기 프로그램을 운영하고 있어 호응이 높다. 하지만 2010년 동피랑 쌈지 교육장에서 운영하던 다양한 체험 프로그램을 2012년 서피랑으로 이전하여 많은 아쉬움을 낳고 있다.

현재 진행 중인 예술가들을 위한 입주공간 운영을 확대하여 주민과 예술가의 커뮤니티 활동, 예술가와 관람객들 간의 소통을 통해 체험프로그램의 다양성을 확보하는 대안으로 기능할 수 있을 것이다.

W | 동선이 너무 단조로워

마을의 관람객 동선이 일원화되어 관람객으로 하여금 획일화된 경로를 이동하도록 설계되어 있다. 달동네의 허름하고 후미진 골목길을 개성으로 활용하여 다양한 이동 루트를 개발하는 것에 대해 논의하였다. 애초 달동네에서 출발한 만큼 본래 갖고 있는 콘텐츠를 극대화시키는 방향으로 전략을 구축하는 것이 좋을 것이란 의견을 모았다.

또한 가파른 비탈길을 활용하여 좁은 골목에 세심한 유머를 담은 벽화가 매력요소로 기능하고 있었다. 이에 더하여 키치적인 아이템의 추가로 설치하여 호기심을 증폭시킬 수 있으리라 생각한다.

추가적으로 Map 개발을 통해 동선의 다변화를 강조할 수 있다. 또한 부산 감천동 벽화마을의 사례처럼 지도판매와 스탬프 미션을 추가하여 추가수입원으로 활용할 수도 있을 것이다.

O | 드라마 촬영지, 관심이 모아지다

동피랑은 2012년 송중기 열풍으로 만든 시청률 18%의 착한남자의 촬영지로서 매스컴에 많이 등장하였다. 같은 해 JTBC의 드라마 빠담빠담도 동피랑 마을을 촬영장소로 활용하였다. 하지만 촬영지에 대한 보존이 전혀 이루어지지 않아, 장소마케팅이 잘 이루어지지 않고 있는 실정이다.

드라마 촬영지 보존을 통한 부가 수입 창출이 가능할 것으로 보인다.

남 최대 관광축제인 부산국제
관광전에서 배용준 포토 존을 마련함으로써 관람객들이 직접 참여
하고 즐길 수 있는 특별한 기회를 마련했다"면서 "세계 각국의 관
광지를 소개하는 전시관에서 배용준은 한국 대표 스타로서 아시아
뿐만 아니라 외국인들을 대상으로 한국을 알릴 수 좋은 기회라고
생각해 전시하게 됐다"고 밝혔다.

이처럼 동피랑도 '송중기 밀랍인형'설치를 통해 실제로 사진을
찍은 듯한 생동감으로 더 많은 관광객들이 찾아올 것으로 예상된
다. 또한 드라마 캐릭터를 대상으로 한 음료, 장면을 떠올릴 수 있
는 기념품 개발이나 드라마 빠담빠담 장면 중 통영의 전경이 담긴
사진을 부착한 컵을 판매한다. 드라마 속 주인공의 실제 촬영의상
을 대여하는 프로그램을 운영하여 드라마 속 인물이 되어보는 색다
른 체험을 제공할 수도 있다. 이러한 상품의 판매로 드라마를 떠올
릴 수 있는 동시에 동피랑 바다가 담긴 전경은 '나도 가보고 싶다'
라는 호기심을 유발한다.

O | 뜨거운 이슈, 사회적 관심을 받다

수많은 프로그램을 통해 매스컴에 노출되면서 동피랑 벽화마을에
대한 관심이 증가하였다. 따라서 지원금 등 다양한 사업비의 선정이
나 벽화그리기 행사에 많은 이들의 참가를 유도할 수 있었다.

동피랑 마을의 탄생 배경과 벽화라는 예술적 요소의 유기적 결

합을 통해 감성 마케팅을 강화시키는 전략을 도출하여야 한다.

O | 통영의 관광지와 연계, 관광루트가 가능하다

통영시의 다양한 관광지와 통합적인 관광 루트 형성이 가능하다. 통영은 동피랑 벽화마을 말고도 미륵산, 옻칠 박물관, 윤이상기념 관 등이 있다. 이곳들과 동피랑을 연결하는 순환버스를 개설한다면 관광지간 이동이 편리해져 더욱 많은 관광객들을 유인할 수 있으리 라 생각한다.

T | 좁은 도로 환경

차량 접근이 용이 하지 않아 관람객들의 불편을 초래하고 있다.

주변 공터를 이용한 주차 시설 건립하여 관광객들의 편의를 돕는다. 공터를 벽화로 꾸민 후 유료 '벽화 주차장'을 만든다. 주차비는 시 간당 2,000원으로 동피랑 마을의 생계를 돕는다.

야외를 도보로 이동해야 하는 관람 특성상 궂은 날씨에는 관람객이 줄어드는 현상을 보인다. 벽화마을의 이미지를 훼손하지 않는 범위 내에서 우천에 대비한 도로 정비가 필요하다. 따라서 기상 변화에 맞춰 우비, 우산 등 다양한 상품 판매로 부수적인 수입을 창출해낼 수 있으리라 생각한다. 또한 추가적으로 동피랑 마을의 특색인 벽 화가 담긴 우비, 우산을 개발해내어 마케팅 요소로 활용할 수 있을 것이다.

그림 6. '벽화 주차장' 예시

지금까지 동피랑 벽화마을에 대해 강점, 약점, 기회, 위기요인이라는 4가지 카테고리로 분석하였다. 그리고 각각의 분석내용에 따른 전략을 함께 도출해내었다.

SWOT | 새로운 동피랑을 위한 우리의 제안

동피랑은 현재 한국에 존재하고 있는 벽화마을에게 많은 시사점을 제시한다.

마을 기업을 구성하여 거주민들을 운영에 참여시킨 점이다. 이를 통해 거주민들로 하여금 마을 운영에 보다 협조적인 모습을 이끌어낼 수 있었다. 또한 70~80대의 주민들로 하여금 관광 상품 판매, 안내센터 운영 등 다양한 업무를 부여하고 이러한 노동의 대가로서 일정부분 수입을 공유하는 시스템을 통해 노년층 일자리 창출에 기여하고 있었다. 또한 주민들은 벽화라는 문화 예술적 콘텐츠에 지속적으로 노출됨으로써 주민 개개인의 삶에 새로운 경험을 자발적으로 제공하며 살아가고 있었다. 하지만 이러한 운영인력의 비전문성으로 인해 '무단결근', '정산시스템의 비효율성'등의 문제점이 노출되고 있었다. 따라서 보다 전문적인 마을기업의 운영을 위해 통영시와 연계하여 사업별 전문 인력 양성과 회계의 투명성을 위해 감사제도의 철저한 확대를 위해 노력해야 할 것으로 보인다.

벽화마을은 달동네 특유의 좁은 골목길과 허름한 집, 그리고 그 공간의 특수성을 반영한 벽화와의 조화에 있다. 따라서 동피랑 벽화마을만의 개성과 달동네의 이미지를 잘 결합한 마케팅 전략이 필수적이다. 마을의 곳곳에 여전히 전체 컨셉에 호응하지 않는 공간들이 존재한다. 동피랑의 정상에 가까운 위치에 있는 '몽마르다카페'는 '동양의 나폴리'라 불리는 동피랑 앞바다와 벽화로 채워진 가정집들의 전체 조망을 감상하기 좋은 위치였다. 하지만 그곳에서 내려다 본 전경은 가정집들의 옥상 구조물이나 물탱크 등이 전체 컨셉과 지나치게 동떨어진 모습을 보여 아쉬움을 자아냈다. 따라서 이러한 벽화마을의 아날로그 감성에 호소하는 컨셉의 통일성을 제안한다.

또한 좁은 골목길의 아날로그적인 감성을 활용한 소규모 벽화와 재치 있는 글이 호기심을 자아내고 있지만 이를 증폭시킬 수 있는 소품의 활용은 이루어지지 않았다. 아날로그적인 공간 컨셉을 확장시키는 측면에서 어린 시절의 추억을 자아낼 수 있는 다양한 키치아이템 - 초등학교 앞 뽑기 게임기, '동피랑 아이'스토리를 들려주는 말하는 캐릭터 등 - 의 개발을 제안한다.

현재는 동선의 일원화로 인해 일방적인 도보 루트가 형성되어 있다. 공간 스토리라인을 따라 감정의 점진적인 고조를 의도했다는 부분에서는 좋은 시도라고 생각된다. 한걸음 더 나아가 다양한 루트의 개발을 통해 개개인으로 하여금 특별하고 사적인 경험을 제공할 수 있게 되기를 바란다. 이처럼 동피랑만의 특징을 잘 살린 전체 컨셉의 통일과 다양한 체험이 가능할 수 있는 동선개발이 추가적으로 필요할 것으로 생각된다.

동피랑을 찾는 이들에게 인상적인 경험을 제공하였다면 이를 활용한 사업아이템을 개발하여 수입을 창출할 수 있을 것이다. 현재는 카페운영에 집중되어 있는 모습을 보인다. 하지만 '동피랑 아이' 스토리와 같은 원천 소스가 개발되어 있기 때문에 이를 활용한 OSMU 상품화—예를들어 벽화그림을 활용한 손거울, 카드홀더, 스마트폰 케이스, '동피랑 아이' 캐릭터 봉제인형 등—에 박차를 가한다면 다양한 문화콘텐츠로서 소비될 수 있는 벽화마을로 발전해 나갈 수 있으리라 생각한다.

동피랑 벽화마을 외부에서도 그 전략을 찾아볼 수 있다. 통영은 옻칠 박물관, 윤이상기념관 등 유형의 콘텐츠, '통영국제음악제'와 같은 무형의 콘텐츠, 또한 미륵산과 통영앞바다가 어우러진 자연환경적인 요소 등 다양한 관광 상품의 요람이라고 할 수 있다. 이처럼 다양한 문화산업으로서 활용할 수 있는 요소들과 동피랑 마을이 갖고 있는 콘텐츠와의 결합을 통해 더욱 많은 관람객 개발과 수익창출을 끌어낼 수 있을 것으로 예상해본다. 이를 위해서는 현재 차량접근이 용이하지 않은 동피랑 인근에 대대적인 주차시설을 개설하는 등 관련 인프라 구축이 선행되어야 할 것으로 보인다.

이처럼 동피랑 벽화마을 내부의 강점과 약점, 그리고 벽호마을 외부의 기회와 위험요인에 따른 전략을 도출하였다. 전체적으로 동피랑 벽화마을이 가지고 있는 벽화, 달동네, 이야기 등의 사업적으로 활용가능한 콘텐츠가 무궁무진하다는 것과 이들과 연계시킬 수 있는 주변 관광지가 풍부하게 존재하고 있다는 사실을 알게 되었다. 내부적으로 운영의 미비점을 보완하고 콘텐츠의 세부전략을 도출하며 외부의 기회와 위기요인을 적절히 활용하는 것이 필요하다. 이를 통해 앞으로 동피랑 벽화마을이 더욱 매력적인 관광지로서, 수

익모델로, 나아가 주민들의 안락한 삶의 터전으로 조화를 이루며 발전해나갈 수 있으리라 생각한다.

참고자료

강명석, 통영지역 공공미술과 교육적 방안 : 중학교과정 중심으로, 건국대학교 석사학위논문 , 2012

부산국제관광전에 배용준 밀랍인형 '포토존' 마련, 아시아 투데이, 2014.04.29

통영 동피랑 벽화마을 새 단장, 연합뉴스, 2014.05.05

통영 동피랑 벽화마을의 위기…주민이탈 운영미숙, 연합뉴스, 2014.04.30

그레이스벨(Gracebell)의 상품인 교통카드 스티커 url : www.gracebell.co.kr, 자료검색일 2014.05.01.

동피랑 벽화마을에 그려진 벽화

http://m.ohmynews.com/NWS_Web/Mobile/at_pg.aspx?CNTN_CD=A0001834238

http://blog.naver.com/PostView.nhn?blogId=59hjh&log-No=40198212174&redirect=Dlog&widgetTypeCall=true 자료 검색일 2014.05.01

동피랑 점방과 판매상품 http://blog.naver.com/ehdvlfkd3214 자료검색일 2014.04.20.

벽화: 통영시티투어 http://www.tycitu.com/ 자료검색일 2014.05.03

인터파크 '동피랑아이' 책 소개 참고

http://book.interpark.com/product/BookDisplay.do?_method=detail&sc.prdNo=20903

8811 자료검색일 2014.4.30

추억의 게임기 예시

http://halcyonera.tistory.com/category/%EC%9E%A1%EB%8B%B4/Twitter

http://magichanja.book21.com/license/license_product.php 자료검색일 2014.05.02

헬로우레인캣츠(Helloraincats)의 상품인 명화우산 url: http://www.myusan.com, 자료검색일 2014.05.01.

편집인 이야기

편집인 이야기 1

대학원에 들어와서 학기마다 두 번씩 답사를 다녔습니다. 물론, 공식적인 답사만 그렇지, 비공식 답사와 개인적인 것까지 합치면 셀 수 없겠네요... 게다가 매번 즐거울 수만은 없는 게 사실입니다. 사전조사와 결과보고서라는 과정이 앞뒤로 떡하니 버티고 있기 때문이죠. 그러나 주변 사람들에게 듣는 말은 항상 똑같습니다. '공부하는 게 아니라 놀러다니는구만?!'

적어도...지금까지는 그랬습니다.

영국드라마 '셜록홈즈'에서 주인공 셜록은 이런 말을 합니다.

"보지만 말고 관찰을 하란 말이야!"

여행이든 답사든 보이는 모습은 같습니다. 준비해서 그곳에 가면 보고, 먹고, 찍고, 자고 옵니다. 네, 셜록말처럼 보이는 것은 그렇습니다. 그렇지만 우리는 매번 다른 곳에서 비슷한 것을 보기도 하고, 같은 곳에서 다른 것을 발견하기도 합니다. 저희가 하는 일이 그렇습니다. 같지만 다른 것, 다르지만 같은 것, 그건 그 지역이고, 사람이고, 제가 알고 싶은 것입니다.

글을 잘 다듬어서 멋진 책을 내려는 건 베테랑 작가에게 아주 중요한 일입니다. 그러나 저에게 글과 책이라는 것은 수단입니다. 그 누구보다 지역과 사람을 공부하고 그것을 알리려 공부하는 저희는 '그저 보고 느낀 것을 잊지 않기 위해 남길 뿐이다'라는 생각이 듭니다.

글을 모아 읽고 다듬어보니, 내가 함께 보았으나 나와 다른 생각, 미처 발견하지 못한 그 곳의 모습과 나와 같은 것을 배우는 그들이 다시 보였습니다. 자신이 보고 느낀 것을 담아내느라 고생한 동료들의 글을 통해 결국...저를 돌아봅니다.

내가 원했던 것, 하려는 것, 할 수 있는 것이 무엇인지, 통영과 통영에 대한 생각들에게서 배웁니다. 글 속에는 이전과 다른 통영, 그것을 관찰한 그들이 있었습니다. 편집은 그것들을 볼 수 있는 눈을 하나 더 얻는 작업이었습니다.

눈에 보이는 게 전부가 아닌 것처럼, 통영답사에서 느끼고 생각한 것을 다시 보면 그 전과 다른 그들이 보입니다. 그걸 알게 되어 무척 기쁩니다.

항상 되뇌이는 그 한 마디로 마무리 하겠습니다.

'남이 나를 알아주지 않아도 성내지 않으면 군자가 아니겠는가, 남이 나를 알아주지 않음을 걱정하지 말고 내가 남을 알지 못함을 탓하라'

（人不知而不慍 不亦君子乎　子曰 不患人之不己知 患不知人也）

편집인 안민주

편집인 이야기 2

와우, 책이 나온다~~. 이 한마디에 거는 기대와 보람을 위해서 우리는 편집을 시작해 보았다. 세상 모든 일이 그렇듯이 결코 녹녹지 않은 이 작업 역시 그 녹녹지 않은 모든 과정을 우리에게 겪게 해주었다.

어쩜 처음부터 난코스였다. 즐거워야할 통영 답사 여행이 글쓰기 숙제로 인해 부담과 고민으로부터 시작되었고 이후 조별로 서로 다르게 주어진 주제로 인해 우리 조의 경우 전혀 생각지도 못한 코스에 낙찰되어 답사이후 훨씬 더 오랫동안 낯설고 긴 여행이 시작되었다. 모두가 기억할 몇 차례의 코디네이터 회의와 조별 모임, 그리고 그에 따른 개인적 업무 분담, 그렇게 모여진 한 장 한 장이 테마별 주제가 되어 이 책 속에 고스란히 담기게 되었다. 글쓰기의 협업 시스템 전과정을 톡톡히 겪어 본 셈이다. 여기까지가 일단계.

다음, 편집이 시작된다. 늘 남의 책만 읽었을 뿐 스스로 책을 낸다는 생각은 한 번도 해보지 못하며 살아온 내게 편집과 출판은 정말 낯선 세계였다. 그 낯설고 어색한 과정을 한 치의 주저함도 없이 당당하고 의연하게 이끌며 바로 어제로 출판사에 일차 원고를 넘길 수 있도록 우리를 이끌어 주었던 것은 바로 김진희 교수님의 당찬 포부와 목표를 향한 야무진 행군, 그 덕분이었다. 역시 리더란 흔들리지 않는 대찬 모습으로 이끌어 가야한다. 흔들리는 아랫사람 입장에서 반신반의하며 일을 해 본 결과 확실하게 알게 된 사실이다.

다음 과정은 바로 실전이다. 편집이란 작업의 실제 모습은, 안민주 연구원의 표현을 빌리자면, '백독자통(百讀自通)'이다. 다른 사람의 글을 읽고 또 읽으면서 그 사람의 생각과 마음을 이해하고 알게 되는 과정이다. 그리고 그렇게 읽고 또 읽으면서 약간 모나고 약간 생뚱한 것들을 쬐끔씩 다듬고 걸러내어 문장 각각이 전체의 글길따라 잘 흐르게 할 수 있도록 살짝이 돕는 일, 바로 이러한 과정이라는 것을 우리는 실전을 통해 확실하게 배울 수 있었다.

아직도 더 배우며 더 수정 보완해 나가야 할 부분이 많이 있겠지만 이 과정을 통해 배운 가장 소중한 것은 믿음과 자신감이다. 스스로는 물론이며 함께 하는 이들을 믿고 의지하며 '끝까지 간다'는 각오로 임하면 정말 못할 일이 없을 것이다. 후훗, 솔직하게 말하자면 우리의 끝은 8월 졸업식이다. 졸업하는 3기 연구원들의 가슴에 한 권의 저서를 안겨주기 위해서 여기까지 달려왔다고 해도 과언이 아니다. 앞으로 4기, 5기... 우리들의 졸업식에서도 우리 손엔 우리들의 글이 담긴 한 권의 책, 아니 그 때는 더 많은 책들이 손에 쥐어지지 않을까.

　빼먹으면 너무 서운할 한 가지 이야기를 끝으로 편집이야기를 마쳐야 할 것 같다. 7월 21일 마지노선을 남겨두고 한밤에 옥수수랑

감자를 삶아 주시며 격려해 주시던 선생님의 감자, 옥수수도 맛있 었지만 우리의 기나긴 편집을 가장 잊지 못하게 해 줄 추억으로 만 들어 준 것은 바로 아보카도 초밥이다. 밤샘과정 덕분에 무사히 원 고를 넘긴 후, 선생님께서 안내해 주신 그 곳에서 맛본 바로 그 부 드럽고 싱그러운, 행복한 맛이 어떤 것인지 온몸으로 느끼게 만들어 준 바로 그 맛, 그 맛 덕분에 기나 길었던 우리의 편집은 한방에 날 아가 버리고 말았다.

> 知則爲眞愛　愛則爲眞看　看則畜之而非徒畜也
> 알면 곧 참으로 사랑하게 되고 사랑하면 곧 참으로 보게 되고 볼
> 줄 알게 되면 곧 모으게 되니 그것은 한갓 모으는 것만은 아니다.
>
> 著庵 兪漢雋

　　문화현장답사, 그것은 또다른 우리 삶의 체험현장이다. 우리가 우리를 사랑하는만큼 그 사랑은 고스란히 우리 안에 또 한 권의 책 으로 남을 것이다.
　　『문화현장 나루터 I 통영』의 무궁한 발전과, 그 과정에 함께 해 주실 우리 문산원 학우님들, 그리고 편집위원님들 미리 파이팅하며 이만 글을 마친다. 파이팅!!!

편집인 우승아